保险问道

之

保险公司资本补充工具的监管与实践

中国保险资产管理业协会 ▣ 编著

中国财经出版传媒集团
中国财政经济出版社

图书在版编目（CIP）数据

保险问道之保险公司资本补充工具的监管与实践／中国保险资产管理业协会编著．--北京：中国财政经济出版社，2023.8

ISBN 978－7－5223－2376－3

Ⅰ.①保…　Ⅱ.①中…　Ⅲ.①保险公司－监管制度－研究－中国　Ⅳ.①F842

中国国家版本馆 CIP 数据核字（2023）第 143197 号

责任编辑：郁东敏　　责任校对：胡永立

封面设计：中通世奥　　责任印制：刘春年

保险问道之保险公司资本补充工具的监管与实践

BAOXIAN WENDAO ZHI BAOXIAN GONGSI ZIBEN BUCHONG GONGJU DE JIANGUAN YU SHIJIAN

中国财政经济出版社 出版

URL：http：//www.cfeph.cn

E－mail：cfeph@cfeph.cn

社址：北京市海淀区阜成路甲 28 号　邮政编码：100142

营销中心电话：010－88191522

天猫网店：中国财政经济出版社旗舰店

网址：https：//zgczjjcbs.tmall.com

中煤（北京）印务有限公司印刷　各地新华书店经销

成品尺寸：170mm×240mm　16 开　10.75 印张　130 000 字

2023 年 8 月第 1 版　2023 年 8 月北京第 1 次印刷

定价：48.00 元

ISBN 978－7－5223－2376－3

（图书出现印装问题，本社负责调换，电话：010－88190548）

本社质量投诉电话：010－88190744

打击盗版举报热线：010－88191661　QQ：2242791300

编 委 会

PREFACE 序言

党的十九大以来，我国保险机构综合实力进一步增强，服务经济社会发展能力稳步提升，关键领域改革持续深化，防范化解金融风险取得明显成效。为深入贯彻落实党中央的决策部署，推动保险业高质量发展，更好地服务现代化经济体系建设，我国保险业开始实施第二代偿付能力监管体系，坚持防范风险与推动行业高质量发展相结合。在此背景下，完善保险公司资本补充渠道，积极审慎地探索多元化的资本补充工具，夯实保险公司偿付能力，成为我国保险业发展的重要课题。

在监管机构的指导和支持下，中国保险资产管理业协会（以下简称“协会”）组织行业力量深入分析保险资本管理和偿付能力管理的发展进程，研究资本补充工具相关理论与实践，收集境内外良好实践和丰富案例，形成了《保险问道之保险公司资本补充工具的监管与实践》一书。

本书紧扣监管和实践两个角度开展研究，记录近年来金融监管部门持续完善资本补充工具的政策发展历程，总结保险机构积极运用债务类资本补充工具和权益类资本补充工具的业务特征，系统梳理保险业在资本管理、偿付能力体系建设、资本补充工具监管和业务发展等方面的情况，为保险公司运用资本补充工具提供理论和实践参考。本书具有以下特点：一是体系完整、重点突出。总体来看，本书涵盖保险公司资本管理、偿付能力体系建设、保险公司资本补充工具发行和投资、境内银行和境外保险公司相关实务等，内容翔实。二是立足实际、务求实用。本书以协会调研数据为基础，回顾近20年保险公司发行和投资资本补充工具的业务实践，并对后续业务发展提出思路和建议，具有较强的业务指导作用。三是编写团队经验丰富。本书撰写团队由保险机构、投资银行、证券公司、会计师事务所等机构的专家组成，具有丰富的发行和投资经验，确保了专业性和客观性。

完善保险公司资本补充工具，筑牢风险防线，促进稳健发展，是大家长期共同推进的工作。目前，中国保险业正处于业务转型和模式转换的特殊阶段，加之近几年来经济环境、市场环境、政策环境的变化，对保险公司资本充足提出更高要求，我们希望此项课题研究成果，能够为当前和今后行业的发展提供参考，引导更多读者深入思考研究，共同探索形成良好的资本补充工具业务模式，更好发挥保险业作为经济发展“减震器”和社会发展“稳定器”的积极作用。

中国保险资产管理业协会党委书记
执行副会长兼秘书长　曹德云

CONTENTS
目录

第一章
保险公司资本管理情况概述

资本是保险公司生存和发展的基础，资本管理是维持保险公司正常经营、保障保险合同按期足额给付的关键。充足的资本可以为保险公司提供长期稳定的运营基础，增强保险公司吸收不可预见的重大损失的能力，支持保险公司稳健经营。亚当·斯密在《国富论》中提道："保险业要想给予他人保障，就必须拥有巨额的资本。"① 资本是保险公司体现安全性的重要信号，也是保险交易的前提。近年来，金融监管部门持续加强对资本的监督和管理，建立以资本充足率为基础的监管体系。保险公司资本结构日益完善、偿付能力逐渐提升。面对错综复杂的经济和金融环境，做好资本管理，保持良好的资本结构和充足水平，实现稳健长期发展，是保险公司经营管理的一项核心内容。

第一节　保险公司资本相关定义

保险公司应当建立健全偿付能力管理体系，有效识别管理各类风险，逐渐提升偿付能力风险管理水平，及时监测偿付能力状况，

① （英）亚当·斯密（Adam Smith），国富论［M］. 富强，译. 北京：群言出版社，2015：415.

编报偿付能力报告，披露偿付能力相关信息，做好资本规划，确保偿付能力达标。

保险公司以风险为导向，根据定量资本要求、定性管理要求、市场约束机制等偿付能力监管规则，对自身的资本充足率、偿付能力、综合风险、各类风险、风险管理能力等进行识别、计量、监测和管理，高度关注以下多种资本的管理状况。

一、实际资本

实际资本，是指保险公司在持续经营或破产清算状态下可以吸收损失的财务资源。从资本计量来看，实际资本等于认可资产和认可负债的差额。实际资本的金额能够体现保险公司偿还债务的能力水平。

认可资产，是指处置不受限制，并可用于履行对保单持有人赔付义务的资产，包括现金及流动性管理工具、投资资产、长期股权投资、再保险资产、应收及预付款项、固定资产、独立账户资产和其他认可资产。

认可负债，是指保险公司无论在持续经营状态下还是在破产清算状态下均需要偿还的债务，以及超过监管限额的资本工具，包括保险合同负债、金融负债、应付及预收款项、预计负债、独立账户负债、资本性负债和其他认可负债。

保险公司的实际资本和保险公司的所有者权益（也称“净资产”）有所不同。实际资本是在监管范畴下，认可资产与认可负债的差额。所有者权益是在财务范畴下，公司资产与公司负债的差额。

二、核心资本和附属资本

核心资本，是指保险公司在持续经营状态下和破产清算状态下均可以吸收损失的资本。核心资本分为核心一级资本和核心二级资本。根据《保险公司偿付能力监管规则第 1 号：实际资本》的规定，保险公司应当以财务报表净资产为基础，通过分析各项非认可资产的账面价值、规定项目的账面价值与认可价值的差额、部分准备金、保单未来盈余等，调增或调减计算得到保险公司的核心一级资本。

附属资本，是指保险公司在破产清算状态下可以吸收损失的资本。附属资本分为附属一级资本和附属二级资本。

三、最低资本

最低资本，是指基于审慎监管目的，为使保险公司具有适当的财务资源应对各类可量化为资本要求的风险对偿付能力的不利影响所要求保险公司应当具有的资本金额。

根据《保险公司偿付能力监管规则第 2 号：最低资本》的规定，保险公司最低资本的计量以风险为基础，涵盖保险公司面临的所有可资本化（量化）的固有风险、控制风险和系统风险。最低资本的计量采用相关系数矩阵法，反映各类风险之间的分散效应。最低资本计量一般采用行业统一的方法、模型和参数。最低资本的金额体现保险公司面对各类风险时应当具备的资本水平。

保险公司最低资本由三部分组成：（1）可资本化风险最低资本，即保险风险、市场风险、信用风险对应的最低资本；（2）控制风险最低资本，即控制风险对应的最低资本；（3）附加资本，包括逆周期附加资本、系统重要性保险机构的附加资本以及其他附加资本。

四、不同类型资本的关系

根据资本吸收损失的性质和能力，保险公司资本分为核心资本和附属资本。目前，核心资本分为核心一级资本和核心二级资本，附属资本分为附属一级资本和附属二级资本。不同类型的资本在存在性、永续性、次级性、非强制性等方面存在差异（见图1－1及表1－1）。

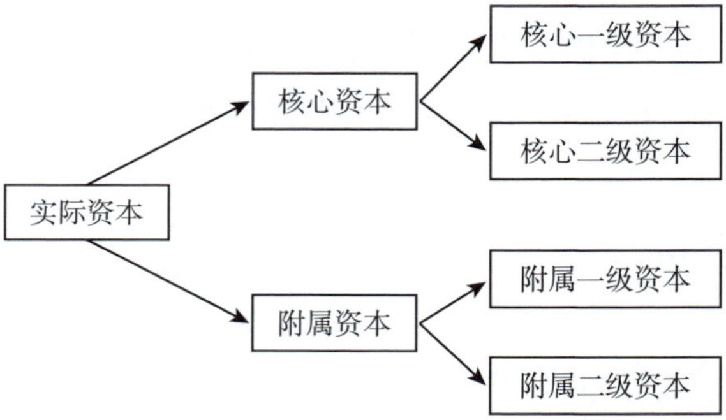

图1－1　不同类型资本的关系

资料来源：根据国家金融监督管理总局网站公布信息整理

表1－1　　保险公司实际资本的结构特征

特征	核心一级资本	核心二级资本	附属一级资本	附属二级资本
存在性	应当是实缴的	应当是实缴的	应当是实缴的	应当是实缴的或符合监管部门规定的形式
永续性	应当没有到期日，且资本工具发行时不应产生该工具将被回购、赎回或取消的预期	应当没有到期日或者期限不低于10年，发行5年后方可赎回并且不得含有利率跳升机制及其他赎回激励	期限不低于5年	期限可以低于5年

续表

特征	核心一级资本	核心二级资本	附属一级资本	附属二级资本
次级性	应当能吸收经营损失和破产损失；破产清算时的受偿顺序排在最后；资本工具发行人或其关联方不得提供抵押或保证，也不得通过其他安排使其在法律或经济上享有优先受偿权	应当能吸收经营损失和破产损失；破产清算时的受偿顺序列于保单持有人和一般债权人之后，先于核心一级资本；资本工具发行人或其关联方不得提供抵押或保证，也不得通过其他安排使其在法律或经济上享有优先受偿权；有到期日的，应当含有减记或转股条款，当触发事件发生时，该资本工具能立即减记或者转为普通股	应当能吸收破产损失；破产清算时的受偿顺序列于保单持有人和一般债权人之后，先于核心资本	应当能吸收破产损失；破产清算的受偿顺序列于保单持有人和一般债权人之后，先于附属一级资本
非强制性	任何情况下本金返还和收益分配都不是保险公司的强制义务，且不分配收益不被视为违约	支付本金或赎回后偿付能力充足率不达标的，不能支付本金或赎回，本金可以递延支付；支付利息后偿付能力充足率不达标的，当期利息支付义务应当取消；发行人无法如约支付本息时，该资本工具的权益人无权向法院申请对保险公司实施破产	支付本金或利息后偿付能力充足率不达标的，本金或利息应当递延支付。发行人无法如约支付本息时，该资本工具的权益人无权向法院申请对保险公司实施破产	可以不设定本息支付的约束条件

资料来源：根据国家金融监督管理总局网站公布信息整理

为保证保险公司经营稳定，监管部门和保险公司高度关注的偿付能力相关指标包括但不限于：

（1）核心偿付能力充足率，即核心资本与最低资本的比值，衡量保险公司高质量资本的充足状况；

（2）综合偿付能力充足率，即实际资本与最低资本的比值，衡量保险公司资本的总体充足状况；

（3）风险综合评级，即对保险公司偿付能力综合风险的评价，衡量保险公司总体偿付能力风险的大小。

根据《保险公司偿付能力监管规则第1号：实际资本》的规定，附属资本不得超过核心资本的100%，核心二级资本不得超过核心资本的30%，附属二级资本不得超过核心资本的25%。

第二节　我国保险公司的资本结构及其特点①

为增强金融服务实体经济和防控风险能力，进一步拓宽保险公司补充资本渠道，促进行业高质量发展，在监管部门的指导下，中国保险资产管理业协会组织我国境内145家保险公司开展“保险公司资本补充债券发行情况及效果调研”。调研显示，保险公司整体资本结构较为单一，核心一级资本占比很高，其他层级资本占比较少。

一、保险公司整体资本结构

调研显示，2017年至2020年，保险公司整体注册资本金的年均复合增长率为3.3%，所有者权益年均复合增长率为12.7%，实际资本年均复合增长率为15.5%，最低资本的年均复合增长率12.7%（见表1－2）。

随着保险业务规模扩大，保险公司所有者权益在核心资本中占比逐年下降，保单未来盈余占比上升。2017年至2020年末，参与调

① 本节数据来源于2020年中国保险资产管理业协会组织开展的“保险公司资本补充债券发行情况及效果调研”。

研的保险公司所有者权益总和占核心一级资本总和的比例分别为54.9%、51.3%、49.9%和50.3%。

表1-2　2017—2020年保险行业资本增长情况　（单位:%）

年均复合增长率	再保险公司	人身保险公司	财产保险公司	保险集团	全部保险公司
注册资本金	7.2	1.8	6.2	1.6	3.3
所有者权益	13.3	13.9	10.5	14.1	12.7
实际资本	22.2	15.4	10.5	22.6	15.5
核心资本	15.7	15.8	10.5	28.1	16.1
附属资本	13.1	8.0	10.6	3.8	9.0
最低资本	21.5	13.9	10.1	9.3	12.7

资料来源：中国保险资产管理业协会

二、人身保险公司的资本结构

2017年至2020年，我国人身保险公司实际资本年均复合增长率15.4%，最低资本年均复合增长率14%。总体来看，人身保险公司资本结构较为单一，实际资本主要由核心资本构成，附属资本占比较小。核心资本主要由核心一级资本构成，大部分人身保险公司无核心二级资本。

各年数据比较显示，人身保险公司实际资本以核心一级资本为主。截至2020年末，人身保险公司核心一级资本、核心二级资本、附属一级资本和附属二级资本占实际资本的比例分别为95.5%、0.1%、4.4%和0。

各级资本比较显示，人身保险公司核心一级资本占比保持基本稳定，其他层级资本存在缺失现象。2017年至2020年各年末，人身保险公司核心一级资本占实际资本的比例分别为95.3%、95.5%、95.6%和95.5%。人身保险公司的所有者权益在核心一级资本中的占比较低。2017 年至 2020 年各年末，人身保险公司所有者权益合计占核心一级资本总和的比例分别为 39.9%、36.2%、36.9% 和 37.9%（见表 1－3）。

表 1－3　人身保险公司资本情况概览　（单位：%）

	2017 年	2018 年	2019 年	2020 年
核心一级资本	95.3	95.5	95.6	95.5
核心二级资本	0.5	0.4	0.3	0.1
附属一级资本	4.2	4.1	4.1	4.4
附属二级资本	0	0	0	0
所有者权益/核心一级资本	39.9	36.2	36.9	37.9

资料来源：中国保险资产管理业协会

三、财产保险公司资本结构情况

2017 年至 2020 年，财产保险公司实际资本年均复合增长率 10.5%，最低资本年均复合增长率 10.1%。总体来看，财产保险公司各项资本增长较为均衡，资本结构与人身保险公司类似，实际资本主要由核心资本构成，附属资本占比相对较低。核心资本主要由核心一级资本构成，大部分财产保险公司无核心二级资本。

各年数据比较显示，财产保险公司实际资本以核心一级资本为主，但附属资本比例高于人身保险公司。截至 2020 年末，财产保险公司核心一级资本、核心二级资本、附属一级资本和附属二级资本占实际资本的比例分别为 88.1%、0.1%、11.8% 和 0。财产保险公司附属资本占实际资本的比例约在 11% 至 13% 之间，与之相比，人身保险公司附属资本占实际资本的比例一直保持在 5% 以下。

各级资本比较显示，财产保险公司核心一级资本占实际资本比例整体较高，但低于人身保险公司。2017 年至 2020 年各年末，财产保险公司核心一级资本占实际资本的比例分别为 88.1%、87.3%、88.2%和 88.1%。财产保险公司保单盈余较少，所有者权益占核心一级资本的比例较高，并且相对稳定。2017 年至 2020 年各年末，财产保险公司所有者权益合计占核心一级资本总和的比例分别为 101.9%、102.4%、103.9%和 102%（见表 1－4）。

表 1－4　　财产保险公司资本情况概览　　（单位:%）

	2017 年	2018 年	2019 年	2020 年
核心一级资本	88.1	87.3	88.2	88.1
核心二级资本	0.2	0.1	0.1	0.1
附属一级资本	11.7	12.6	11.7	11.8
附属二级资本	0	0	0	0
所有者权益/核心一级资本	101.9	102.4	103.9	102.0

资料来源：中国保险资产管理业协会

四、再保险公司资本结构情况

2017 年至 2020 年，再保险公司实际资本年均复合增长率 22.2%，最低资本年均复合增长率 21.5%。总体来看，再保险公司的资本结构较为单一，实际资本主要由核心资本构成，附属资本占比较小。核心资本均由核心一级资本构成，附属资本均由附属一级资本构成。

各年数据比较显示，再保险公司实际资本中绝大部分都是核心一级资本。截至 2020 年末，再保险公司核心一级资本、核心二级资本、附属一级资本和附属二级资本占实际资本的比例分别为 84.9%、0、15.1%和 0，除中国人寿再保险有限责任公司和中国财产再保险有限责任公司①外，其他参加调研的再保险公司实际资本均由核心一

① 中国人寿再保险有限责任公司和中国财产再保险有限责任公司曾发行资本补充债券补充附属一级资本。

级资本构成。

各级资本比较显示，再保险公司核心一级资本占比有所下降。2017 年至 2020 年各年末，再保险公司核心一级资本占实际资本的比例分别为 100%、85%、87.9% 和 84.9%。再保险公司所有者权益占核心一级资本的比例较高。2017 年至 2020 年各年末，再保险公司所有者权益合计占核心一级资本总和的比例分别为 93.1%、92.8%、85.2% 和 87.6%（见表 1－5）。

表 1－5　再保险公司资本情况概览　（单位：%）

	2017 年	2018 年	2019 年	2020 年
核心一级资本	100.0	85.0	87.9	84.9
核心二级资本	0	0	0	0
附属一级资本	0	15.0	12.1	15.1
附属二级资本	0	0	0	0
所有者权益/核心一级资本	93.1	92.8	85.2	87.6

资料来源：中国保险资产管理业协会

五、保险集团资本结构情况

2017 年至 2020 年，保险集团实际资本复合增长率 15.4%，最低资本复合增长率 13.9%。总体来看，鉴于保险集团资本充足水平受到各保险子公司的影响，保险集团的资本补充渠道也以核心资本补充工具为主，资本结构较为单一。

各年数据比较显示，保险集团实际资本以核心一级资本为主。截至 2020 年末，保险集团整体核心一级资本、核心二级资本、附属一级资本和附属二级资本占实际资本的比例分别为 84.1%、0、15.9% 和 0。

各级资本比较显示，保险集团核心一级资本占比呈升高态势。

2017 年至 2020 年各年末，保险集团整体核心一级资本占实际资本的比例分别为 73.8%、70.1%、82.3% 和 84.1%（见表 1－6）。

表 1－6　保险集团资本情况概览　（单位:%）

	2017 年	2018 年	2019 年	2020 年
核心一级资本	73.8	70.1	82.3	84.1
核心二级资本	0	0	0	0
附属一级资本	26.2	29.9	17.7	15.9
附属二级资本	0	0	0	0

资料来源：中国保险资产管理业协会

第二章 我国偿付能力监管体系及保险公司偿付能力概述

偿付能力是保险公司偿还债务的能力，是决定保险公司生存和发展的关键因素。我国保险公司偿付能力监管体系逐渐完善，保险公司不断提升偿付能力管理意识和水平，行业偿付能力整体上保持充足稳定。

第一节 偿付能力相关定义

根据《保险公司偿付能力管理规定》（中国银行保险监督管理委员会令2021年第1号），偿付能力是指保险公司对保单持有人履行赔付义务的能力。偿付能力对保险公司的稳健运营至关重要，一旦偿付能力出现问题，不仅保险公司无法维持正常经营，被保险人或投保人的利益遭到损害，而且可能会对国民经济正常运转和社会稳定产生巨大的破坏作用。保险公司的偿付能力监管是我国保险业监管的重要内容之一，也是金融监管的重要组成部分。

从金融监管的角度来看，偿付能力监管指标主要包括核心偿付能力充足率、综合偿付能力充足率和风险综合评级。核心偿付能力充足率，是核心资本与最低资本的比值，衡量保险公司高质量资本的充足状况。综合偿付能力充足率，是实际资本与最低资本的比值，衡量保险公司资本的总体充足状况。风险综合评级，是对保险公司偿付能力综合风险的评价，衡量保险公司总体偿付能力风险的大小。

从机构运营的角度来看，保险公司偿付能力能够体现保险公司资产和负债之间的关系。从静态指标来看，例如，偿付能力额度是一定时期内保险公司总资产超过总负债的部分，是衡量保险公司偿付能力状况最基础的综合性指标。从动态指标来看，偿付能力需要从不同层面衡量保险公司资产质量、负债匹配状况，以及保险公司的现金资产、履约能力、服务水平等在任何时点上足以支付到期债务和支持合同义务的情况。

根据《保险公司偿付能力管理规定》（中国银行保险监督管理委员会令 2021 年第 1 号），保险公司需要同时符合“核心偿付能力充足率不低于 50%”“综合偿付能力充足率不低于 100%”和“风险综合评级在 B 类及以上”三项监管要求，不符合以上任何一项要求，将被认定为偿付能力不达标。

第二节　我国偿付能力监管体系概述

保险具有经济补偿、资金融通和社会管理功能，是市场经济、金融体系和社会保障体系的重要组成部分，肩负着促进改革、保障经济、稳定社会、造福人民的重要使命，在社会主义经济发展中发挥重要作用。随着我国保险业逐步进入深化改革、全面开放、快速发展的过程，保险业服务经济社会的领域越来越广，承担的社会责任越来越重，改革发展的任务越来越紧迫。我国保险公司偿付能力监管体系建设经历了长期的发展过程。

一、我国偿付能力监管体系的演变发展

（一）我国偿付能力监管制度建设起步开局

我国保险公司偿付能力监管制度建设起步于20世纪。1985年3月，国务院颁布的《保险企业管理暂行条例》（国发〔1985〕33号，已废止）第十三条规定，“经营长期人身保险以外的各种保险业务的保险企业，应具有的最低偿付能力是实际资本减去实际负债的差额不低于国家保险管理机关规定的金额，不足时，应该增加资本，补足差额”。这是我国法规首次提出“偿付能力”这一概念。

1995年6月，第八届全国人民代表大会常务委员会第十四次会议通过了《中华人民共和国保险法》（中华人民共和国主席令1995年51号），从法律层面确立了商业保险的基本行为规范，延续了《保险企业管理暂行条例》（国发〔1985〕33号，已废止）关于偿付能力的规定，为偿付能力额度监管提供了法律依据。

1996年7月，中国人民银行公布《关于印发〈保险管理暂行规定〉的通知》（银发〔1996〕255号，已废止），其中第七章专门就偿付能力管理作出规定，首次提出“最低偿付能力”这一概念，明确了实际资产和实际负债的具体计算方法，提出保险公司最低偿付能力的计算标准和偿付能力不足的处理方法，增强偿付能力监管的可操作性。

1998年11月，中国保险监督管理委员会成立，标志着我国保险监管开始走向专业化、规范化和法制化。

2000年1月，《保险公司管理规定》（保监发〔2000〕2号，已

废止）发布，首次提出“偿付能力额度”这一概念。2001 年 1 月，《保险公司最低偿付能力及监管指标管理规定》（保监发〔2001〕53 号，已废止）出台，作为我国第一份聚焦保险公司偿付能力监管的制度，对偿付能力的计算计量、认可资产的评估标准、偿付能力报告制度等进行了详细规定，并明确地将财产保险公司和人身保险公司的经营指标纳入监管范围，与偿付能力额度监管共同构成保险公司偿付能力监管的基本体系。

（二）我国保险公司第一代偿付能力监管制度建立和发展

2003 年 1 月，我国开始按照《全国人民代表大会常务委员会关于修改〈中华人民共和国保险法〉的决定》（中华人民共和国主席令 2002 年第 78 号）实施新保险法；同年 3 月，原保监会发布《保险公司偿付能力额度及监管指标管理规定》（保监会令〔2003〕1 号，已废止），明确要求保险监管部门建立健全的偿付能力监管指标体系，对保险公司的最低偿付能力实施监控。我国保险业的监管由机构监管和市场行为监管并重向以偿付能力监管为核心过渡，初步形成了以偿付能力监管、公司治理结构监管和市场行为监管为支柱的保险监管体系框架，构筑了以公司内控为基础、以偿付能力监管为核心、以现场检查为重要手段、以资金运用监管为关键环节、以保险保障基金为屏障的五道风险防线。

为了有效解决部分公司依然存在利差损和偿付能力不够充足等问题，保险公司通过公开上市、增资扩股等多种方式增强资本实力。2005 年底，我国保险业资本金总量达到 1097 亿元，采取综合措施有效控制了利差损风险，抵御风险的能力明显增强。建立了保险保障基金制度，率先在金融行业引入市场化的风险自救机制，2005 年底保险保障基金达到 55 亿元。

2006 年，原保监会开始组织保险公司进行动态偿付能力测试。

2007年8月，中国保险业偿付能力监管标准委员会成立。2008年6月，《保险公司偿付能力管理规定》（保监会令〔2008〕1号，已废止）出台，标志着我国第一代偿付能力监管体系的建立。

第一代偿付能力监管制度（通常称为“偿一代”）是以规模为导向的偿付能力监管体系，看重保费规模、资产负债评估和利润的考核。第一代偿付能力监管制度是一套定量标准体系，保险公司的最低资本额度、偿付能力充足率以及其他各项监管指标值的波动范围都有明确的定量取值标准。当时，这种定量标准体系尚未形成配套的定性监管以及综合评价等监管措施。随着现代保险业的发展，保险市场出现了多种新的风险，其风险形态、传播方式、业务影响等和以往传统保险业务面对的风险存在较大差异，相关的监管要求和监管方式也有所不同，第一代偿付能力监管制度对这类动态风险的管控较为有限，我国境内保险公司自身的风险管理能力亟待提升。

（三）我国保险公司第二代偿付能力监管制度建立和发展

2012年3月，原保监会启动第二代偿付能力监管体系（通常称为“偿二代”）建设工作。2012年，《中国第二代偿付能力监管制度体系建设规划》（保监发〔2012〕24号）发布。2013年5月，《中国第二代偿付能力监管制度体系整体框架》（保监发〔2013〕42号）发布，明确了保险公司偿付能力三支柱原则。2014年，我国财产保险公司和人身保险公司偿付能力的标准基本确立，并组织开展行业测试。

2015年2月，原保监会发布《保险公司偿付能力监管规则（1－17号）》（保监发〔2015〕22号，已废止），构建了定量资本要求、定性监管要求和市场约束机制相辅相成的三支柱保险监管框架。2016年1月，我国第二代偿付能力监管体系正式实施，形成了我国保险公司资本监管体系，建立风险分层监管模型，针对保险公司经营相关的每一类风险作出详细规定。第二代偿付能力监管体系的建设，促进我国境内保险公司逐步采取措施，科学衡量风险与收益的关系，加强风险管理和资产负债匹配水平，实现经营决策的理性和保险行业的良性可持续发展。

第二代偿付能力监管体系自 2016 年正式实施以来，取得显著成效，推动我国保险监管和保险市场发生了一系列深刻变化。一是推进保险监管现代化建设，建立了以风险为导向、符合我国实际并与国际接轨的三支柱偿付能力监管体系；二是促进保险业增强风险管理意识，提升风险管理水平，增强风险抵御能力；三是促进行业转型升级，将风险因素和价值导向注入保险公司经营管理各环节，引导行业回归本源，服务实体经济；四是增强我国保险监管和保险市场的国际影响力，为国际监管规则制定和全球保险业治理提供了新兴市场经验。

在广泛征求各方意见的基础上，为加强行业风险防控，进一步提高偿付能力监管的科学性和有效性，2017 年 4 月，原保监会启动偿二代二期工程，发布《偿二代二期工程建设方案》（保监发〔2017〕67 号），明确了三大任务和二十六项具体任务。

此后，监管部门分别于 2020 年 1 月、2020 年 7 月、2021 年 6 月组织保险行业开展了三轮偿二代二期工程测试，对于资本工具进行了更细致的分级，夯实资本质量；针对保险资金运用中存在的多层嵌套、底层资产不透明的问题，按照“应穿尽穿”原则设计了穿透监管方案；对于多层嵌套、底层资产不清晰的情况设定了惩罚机制，督促引导保险行业稳健投资。同时，采取了增加校准资产端风险因子、增加集中度风险因子、全面校准负债端风险因子等监管措施。2021 年 3 月，《保险公司偿付能力管理规定》（银保监会令〔2021〕1 号）正式施行。这是监管部门防范化解金融风险、补齐监管制度短板的重要举措，是加强偿付能力监管和保护保险消费者利益的重要手段。

相关文件发布时间及文号见表2-1。

表2-1　我国保险公司偿付能力监管制度相关文件列表

发布时间	文件名称	文件号
1985年3月	《保险企业管理暂行条例》	国发〔1985〕33号（已废止）
1995年6月	《中华人民共和国保险法》	中华人民共和国主席令1995年51号
1996年7月	《关于印发〈保险管理暂行规定〉的通知》	银发〔1996〕255号（已废止）
2000年1月	《保险公司管理规定》	保监发〔2000〕2号（已废止）
2001年1月	《保险公司最低偿付能力及监管指标管理规定》	保监发〔2001〕53号（已废止）
2002年10月	《全国人民代表大会常务委员会关于修改〈中华人民共和国保险法〉的决定》	中华人民共和国主席令2002年第78号
2003年3月	《保险公司偿付能力额度及监管指标管理规定》	保监会令〔2003〕1号（已废止）
2008年7月	《保险公司偿付能力管理规定》	保监会令〔2008〕1号（已废止）
2012年3月	《中国第二代偿付能力监管制度体系建设规划》	保监发〔2012〕24号
2013年5月	《中国第二代偿付能力监管制度体系整体框架》	保监发〔2013〕42号
2015年2月	《保险公司偿付能力监管规则（1-17号)》	保监发〔2015〕22号（已废止）
2016年1月	《中国保监会关于正式实施中国风险导向的偿付能力体系有关事项的通知》	保监发〔2016〕10号（已废止）
2017年9月	《偿二代二期工程建设方案》	保监发〔2017〕67号
2021年1月	《保险公司偿付能力管理规定》	银保监会令〔2021〕年1号
2021年12月	《保险公司偿付能力监管规则（Ⅱ)》	银保监发〔2021〕52号

资料来源：根据国家金融监督管理总局网站公布信息整理

二、我国保险公司第二代偿付能力监管体系和规则概述

2021年12月，《保险公司偿付能力监管规则（Ⅱ）》（银保监发〔2021〕52号，以下简称“规则Ⅱ”）发布，标志着偿二代二期工程建设顺利完成。偿二代二期工程是监管部门贯彻落实全国金融工作会议精神、打好防范化解重大金融风险攻坚战、补齐监管制度短板的重要举措，对于防范和化解业务风险、维护保险市场安全运行、推动保险业稳健发展、保护保险消费者权益都具有重要意义。

偿二代二期工程建设以习近平新时代中国特色社会主义思想为指导，坚持稳中求进工作总基调，贯彻新发展理念，立足新发展阶段，构建新发展格局，坚持统筹好国际与国内、发展与安全、保障与服务的关系，以引导保险业回归保障本源、专注主业，增强服务实体经济能力，有力有效防范保险业风险，加大加快金融业全面对外开放为目标，对偿二代监管规则进行了优化升级，主要体现在：

一是引导保险业回归保障本源、专注主业。规则Ⅱ完善了利率风险的计量方法，优化了对冲利率风险的资产范围和评估曲线，引导保险公司加强资产负债匹配管理。针对重疾风险显著上升的情况，增设了重疾恶化因子，引导保险公司科学发展重疾产品。针对专属养老保险产品的长期性特征和风险实际，对长寿风险最低资本给予10%的折扣，以体现监管支持导向。

二是促进保险业增强服务实体经济质效。规则Ⅱ完善了长期股权投资的实际资本和最低资本计量标准，大幅提升了风险因子，对具有控制权的长期股权投资（子公司），实施资本100%全额扣除，促使保险公司专注主业，防止资本在金融领域野蛮生长。为落实碳达峰碳中和重大决策部署，对保险公司投资的绿色债券的信用风险

最低资本给予 10% 的折扣；为贯彻科技自立自强的决策部署，对专业科技保险公司的保险风险最低资本给予 10% 的折扣。规定保险公司不得将投资性房地产的评估增值计入实际资本，引导保险资金更大力度支持实体经济。对农业保险业务、保险资金支持国家战略的投资资产等设置调控性特征因子，适当降低其资本要求，引导保险公司服务实体经济。

三是有效防范和化解保险业风险。规则Ⅱ完善了资本定义，增加了外生性要求；将长期人身险保单的预期未来盈余根据保单剩余期限，分别计入核心资本或附属资本，夯实了资本质量。针对保险资金运用存在的多层嵌套等问题，要求按照“全面穿透、穿透到底”的原则，识别资金最终投向，基于实际投资的底层资产计量最低资本，准确反映其风险实质。根据最近 10 年的数据，对所有风险因子进行全面校准。

四是落实扩大对外开放决策部署。规则Ⅱ完善了再保险交易对手违约风险的计量框架，降低了境外分保的交易对手违约风险因子，落实了扩大对外开放的决策部署。明确境外国家（地区）的偿付能力监管制度获得与中国偿付能力监管等效资格的，对其在中国境内开设的保险机构在资本要求、实际资本等方面给予适当优待，降低跨境交易成本，提升监管合作效果。

五是强化保险公司风险管控能力。规则Ⅱ对保险公司风险管理标准进行了全面修订，提供了更为明晰的标准。新增了资本规划监管规则，要求保险公司科学编制资本规划。

六是引导培育市场约束机制。规则Ⅱ进一步扩展了保险公司偿付能力信息公开披露的内容，增加了对重大事项、管理层分析与讨论等披露要求，有助于提升信息透明度，发挥市场约束作用。

保险业自编报 2022 年第 1 季度偿付能力季度报告起全面实施规则Ⅱ。对于受规则Ⅱ影响较大的保险公司，根据实际情况确定过渡期政策，允许在部分监管规则上分步到位，最晚于2025年起全面执行到位。

“偿二代”三支柱主要内容见表2－2。

表2－2　“偿二代”三支柱主要内容

三支柱	风险类型	监管工具	评价标准
第一支柱	量化风险（保险风险、市场风险、信用风险）	量化资本要求；实际资本评估；资本分级；压力测试	综合偿付能力充足率；核心偿付能力充足率
第二支柱	难以量化的风险（战略风险、操作风险、声誉风险、流动性风险）	风险综合评级（IRR）；风险管理要求与评估（SARMAR）；流动性风险；监管措施	风险综合评级；控制风险得分
第三支柱	难以监管风险	公司信息披露；监管信息披露；信用评级	市场评价等

资料来源：根据国家金融监督管理总局网站公布信息整理

规则Ⅱ的实施，对于绿色债券、科技创新、出口信用保险、农业保险和养老保险等给予多项支持政策，有效地促进保险业提升服务实体经济能力，增强服务实体经济质效。主要体现在：

一是引导保险公司支持科技创新。规则Ⅱ允许专业科技保险公司保险风险最低资本按90%的比例计量，引导其更好地服务科技领域，落实创新发展理念。该项政策可较大幅度节约专业科技保险公司的最低资本，提升其偿付能力充足率。

二是鼓励专属商业养老保险业务发展。规则Ⅱ允许专属商业养老保险产品的长寿风险最低资本按90%的比例进行计量，有力支持第三支柱养老保险的发展。

三是支持保险公司投资绿色债券。规则Ⅱ允许保险公司投资的绿色债券最低资本按90%的比例计量，引导保险业落实绿色发展理念，有效提升了保险公司投资绿色债券的积极性。

四是支持农业保险业务发展。规则Ⅱ允许保险公司按90%的比例计量农险业务保险风险最低资本，有力贯彻落实“保粮食能源安全”的决策部署。

五是支持出口信用保险、海外投资保险等业务发展。规则Ⅱ对政策性中长期出口信用保险、海外投资保险等给予支持，允许其保险风险最低资本按90%的比例进行计量，落实稳外贸的决策部署。

规则Ⅱ的实施，对于保险资金投资银行股、大盘蓝筹股和公开募集基础设施证券投资基金（公募REITs）等给予优惠政策，支持保险业参与资本市场改革，维护资本市场健康平稳发展。主要体现在：

一是支持保险公司投资大盘蓝筹股。规则Ⅱ对保险公司投资的沪深300成分股，允许其最低资本按95%的比例进行计量，支持资本市场平稳运行。

二是支持保险公司投资公开募集基础设施证券投资基金（公募REITs）。规则Ⅱ对保险公司投资公募REITs，允许最低资本按照80%的比例进行计量，支持资本市场改革发展。

三是支持鼓励保险公司投资银行股。规则Ⅱ对于保险公司投资的银行类长期股权投资，若股息率等满足一定条件，可豁免减值要求，允许保险公司以其账面价值作为认可价值。该项政策支持保险公司长期持有上市银行股票，维护资本市场健康发展。

相关文件内容见表2-3。

表2-3　《中国银保监会关于印发保险公司偿付能力监管规则（Ⅱ）的通知》（银保监发〔2021〕51号）中1号~17号文件主要内容

文件名称	主要内容
《保险公司偿付能力监管规则第1号：实际资本》	规范认可资产、认可负债和实际资本的评估；明确实际资本分级标准
《保险公司偿付能力监管规则第2号：最低资本》	规范保险公司最低资本的构成、计量原则和计量方法

续表 1

文件名称	主要内容
《保险公司偿付能力监管规则第 3 号：寿险合同负债评估》	规范人身保险公司和再保险公司基于偿付能力监管目的的寿险合同负债评估
《保险公司偿付能力监管规则第 4 号：保险风险最低资本（非寿险业务）》	规范保险公司非寿险业务保险风险最低资本计量
《保险公司偿付能力监管规则第 5 号：保险风险最低资本（寿险业务）》	规范保险公司寿险业务保险风险最低资本的计量
《保险公司偿付能力监管规则第 6 号：保险风险最低资本（再保险公司）》	规范再保险公司再保险业务保险风险最低资本计量
《保险公司偿付能力监管规则第 7 号：市场风险和信用风险的穿透计量》	规范保险公司市场风险和信用风险的穿透计量
《保险公司偿付能力监管规则第 8 号：市场风险最低资本》	规范保险公司市场风险最低资本的计量
《保险公司偿付能力监管规则第 9 号：信用风险最低资本》	规范保险公司信用风险最低资本的计量
《保险公司偿付能力监管规则第 10 号：压力测试》	规范保险公司偿付能力压力测试
《保险公司偿付能力监管规则第 11 号：风险综合评级（分类监管）》	规范对保险公司的偿付能力风险综合评级，全面评估保险公司的偿付能力风险状况，明确相应的分类监管政策和措施
《保险公司偿付能力监管规则第 12 号：偿付能力风险管理要求与评估》	明确保险公司偿付能力风险管理的监管要求，规范监管机构对保险公司风险管理能力的评估，并确定保险公司控制风险最低资本的计量标准
《保险公司偿付能力监管规则第 13 号：流动性风险》	规范保险公司流动性风险管理的最低监管要求，建立流动性监管指标和压力测试制度

续表 2

文件名称	主要内容
《保险公司偿付能力监管规则第 14 号：资本规划》	强化保险公司资本刚性约束，提升保险公司资本管理水平，明确资本规划监管标准
《保险公司偿付能力监管规则第 15 号：偿付能力信息公开披露》	规范保险公司偿付能力信息公开披露行为
《保险公司偿付能力监管规则第 16 号：偿付能力信息交流》	建立健全偿付能力市场约束机制，加强偿付能力信息交流，发挥相关方对保险公司偿付能力的监督作用
《保险公司偿付能力监管规则第 17 号：保险公司信用评级》	规范信用评级机构对保险公司的信用评级行为
《保险公司偿付能力监管规则第 18 号：偿付能力报告》	规范保险公司偿付能力报告的编制和报告
《保险公司偿付能力监管规则第 19 号：保险集团》	明确保险集团的偿付能力监管要求
《保险公司偿付能力监管规则第 20 号：劳合社保险（中国）有限公司》	明确劳合社保险（中国）有限公司在偿付能力监管方面的特别规定

资料来源：根据国家金融监督管理总局网站公布信息整理

根据党中央国务院决策部署，保险监管部门还将持续完善偿付能力监管标准，深入落实新发展理念，强化政策导向，在科学有效防控风险基础上，不断增强保险业服务经济社会大局的能力。一是持续支持商业养老金业务发展。根据商业养老金业务特点和发展实际，研究制定偿付能力优惠政策，降低公司资本占用，支持保险业开展商业养老业务，促进第三支柱养老保险健康发展。二是对保险资金支持和落实国家战略决策部署形成的投资资产，研究明确其界定标准及优惠政策，降低其最低资本要求，增强保险业服务大局的能力。

第三节　保险公司偿付能力情况[①]

中国保险资产管理业协会组织我国境内145家保险公司开展保险公司资本补充债券发行情况及效果调研。调研情况显示，保险公司对偿付能力管理的意识和相关管理水平正在逐渐提升。

一、保险行业偿付能力整体情况

近年来，随着保险公司对偿付能力管理意识和水平不断提升，行业偿付能力指标逐步改善，核心偿付能力充足率和综合偿付能力充足率均呈现上升趋势。2017年至2020年，保险公司核心偿付能力充足率分别为202.81%、195.36%、209.77%和210.89%，综合偿付能力充足率分别为217.52%、210.26%、223.69%和226.03%。

不同类型的保险公司由于业务性质不同，偿付能力变化存在一定差异。人身保险公司偿付能力基本稳定，2017年至2020年核心偿付能力充足率由227.42%下降至224.60%，综合偿付能力充足率由236.37%下降至235.11%。财产保险公司核心偿付能力和综合偿付能力均稳中有升，核心偿付能力充足率由239.72%上升至242.02%，综合偿付能力充足率由271.62%上升至274.39%。再保险公司的核心偿付能力充足率呈现明显下降趋势，由228.51%下降至197.09%，下降31.42个百分点。再保险公司通过发行资本补充

① 本节数据来源于2020年中国保险资产管理业协会组织开展的“保险公司资本补充债券发行情况及效果调研”。

工具维持综合偿付能力充足率水平则相对稳定，2020 年综合偿付能力充足率较 2017 年上升了 3.63%。保险集团受个别公司数据影响较大，核心偿付能力和综合偿付能力均呈现快速上升趋势。核心偿付能力充足率从 78.24% 上升至 125.69%，综合偿付能力充足率从 105.99% 上升至 149.40%（见表 2－4）。

表 2－4　　保险行业偿付能力情况概览表　　（单位：%）

对象	偿付能力情况	2017 年	2018 年	2019 年	2020 年
保险公司	核心偿付能力充足率	202.81	195.36	209.77	210.89
	综合偿付能力充足率	217.52	210.26	223.69	226.03
人身保险公司	核心偿付能力充足率	227.42	218.31	227.01	224.60
	综合偿付能力充足率	236.37	226.76	236.14	235.11
财产保险公司	核心偿付能力充足率	239.72	241.40	250.69	242.02
	综合偿付能力充足率	271.62	276.08	283.93	274.39
再保险公司	核心偿付能力充足率	228.51	185.99	189.95	197.09
	综合偿付能力充足率	228.51	218.77	216.16	232.14
保险集团	核心偿付能力充足率	78.24	66.89	105.60	125.69
	综合偿付能力充足率	105.99	95.49	128.39	149.40

注：（1）各类型保险公司核心偿付能力充足率 = 相应类型公司核心资本总和/相应类型公司最低资本总和。

（2）各类型保险公司综合偿付能力充足率 = 相应类型公司实际资本总和/相应公司最低资本总和。

资料来源：中国保险资产管理业协会

二、保险行业偿付能力基本特征

（一）偿付能力充足率向中部区间集中

近年来，偿付能力充足率出现结构性下行，在高位区间的保险公司数量占比有所下降，在中部区间的保险公司数量占比上升。保险公司综合偿付能力充足率位于350%及以上、300%～350%、250%～300%三个较高区间内的保险公司数量均有不同程度下降；位于150%～200%、200%～250%两个区间的保险公司逐年上升，其中以150%～200%区间内保险公司数量占比上升最快，由2017年的17%上升至2020年的28%（见表2－5）。核心偿付能力充足率各区间分布情况及变动趋势与综合偿付能力充足率基本一致，大多处于150%～200%区间内，且保险公司数量占比逐年上升。2017年至2020年，核心偿付能力充足率为150%～200%的保险公司数量占比由18%上升至29%（见表2－6）。

分位数统计分析同样显示行业综合偿付能力充足率和核心偿付能力充足率呈结构性下行。2017年至2020年，保险公司综合偿付能力充足率的中位数由250%下降至201%，下降49个百分点；核心偿付能力充足率的中位数从229%下降至201%，下降28个百分点（见表2－7）。

表2－5　　保险公司综合偿付能力充足率分布情况　　（单位：%）

区间	2017年	2018年	2019年	2020年
50%以下	2	1	1	1
[50%，100%)	1	0	0	0
[100%，150%)	10	9	10	7
[150%，200%)	17	18	18	28
[200%，250%)	21	20	24	27
[250%，300%)	17	20	21	13
[300%，350%)	11	8	5	4
350%及以上	22	23	21	19

注：计算结果均保留整数。

资料来源：中国保险资产管理业协会

表 2-6　　保险公司核心偿付能力充足率分布情况　　（单位：%）

区间	2017 年	2018 年	2019 年	2020 年
50% 以下	2	1	1	1
[50%，100%)	5	4	2	3
[100%，150%)	11	9	12	12
[150%，200%)	18	19	23	29
[200%，250%)	20	20	20	22
[250%，300%)	14	20	17	10
[300%，350%)	10	4	5	4
350% 及以上	22	23	21	19

注：计算结果均保留整数。
资料来源：中国保险资产管理业协会

表 2-7　　保险公司偿付能力充足率分位数情况　　（单位：%）

偿付能力	年份	最小值	25%分位数	50%分位数	75%分位数	最大值
综合偿付能力充足率	2017	-456	187	250	326	10 524
	2018	-186	171	241	306	3 168
	2019	-98	175	230	293	1 994
	2020	-214	153	201	270	2 520
核心偿付能力充足率	2017	-456	149	229	310	10 524
	2018	-186	163	227	300	3 168
	2019	-98	175	230	293	1 994
	2020	-214	153	201	270	2 520

资料来源：中国保险资产管理业协会

不同类型的保险公司偿付能力变化趋势不尽相同。2017 年至 2020 年，财产保险公司偿付能力下降明显，综合偿付能力充足率的中位数从 291% 下降至 261%，核心偿付能力充足率的中位数从 284% 下降至 231%。人身保险公司和保险集团的偿付能力也呈下降趋势。人身保险公司综合偿付能力充足率的中位数从 205% 下降至 194%，核心偿付能力充足率的中位数从 196% 下降至 180%。保险集团综合偿付能力充足率的中位数从299%下降至267%，核心偿付能力充足率的中位数从234%下降至231%。再保险公司偿付能力呈上升趋势，综合和核心偿付能力充足率的中位数均从234%上升至248%，上升15个百分点（见表2-8）。

表2-8 各类保险公司偿付能力充足率分位数情况 （单位：%）

	偿付能力	年份	最小值	25%分位数	50%分位数	75%分位数	最大值
人身保险公司	综合偿付能力充足率	2017	-456	161	205	290	4 364
		2018	100	169	219	290	3 168
		2019	122	167	206	260	1 290
		2020	115	162	194	231	1 598
	核心偿付能力充足率	2017	-456	140	196	290	4 364
		2018	70	160	212	290	3 168
		2019	72	160	199	260	1 290
		2020	74	139	180	210	1 598
财产保险公司	综合偿付能力充足率	2017	134	237	291	420	10 524
		2018	-186	224	286	436	2 153
		2019	116	217	277	402	1 994
		2020	-214	211	261	389	1 299
	核心偿付能力充足率	2017	94	215	284	420	10 524
		2018	-186	215	278	436	2 153
		2019	93	200	258	402	1 993
		2020	-214	192	231	389	1 299
再保险公司	综合偿付能力充足率	2017	159	215	234	264	284
		2018	163	217	221	252	282
		2019	152	213	236	281	369
		2020	166	230	248	290	2 520
	核心偿付能力充足率	2017	159	215	234	264	284
		2018	163	178	221	252	282
		2019	152	182	236	281	369
		2020	166	203	248	290	2 520

续表

	偿付能力	年份	最小值	25%分位数	50%分位数	75%分位数	最大值
保险集团	综合偿付能力充足率	2017	-107	227	299	315	549
		2018	-148	239	306	309	416
		2019	-98	240	258	289	561
		2020	-74	222	267	320	599
	核心偿付能力充足率	2017	-107	193	234	235	549
		2018	-148	206	227	244	416
		2019	-98	194	230	257	561
		2020	-74	173	231	307	599

资料来源：中国保险资产管理业协会

（二）各类保险公司的综合偿付能力充足率和核心偿付能力充足率差距增加

目前，保险公司资本的补充以发行资本补充债券补充附属一级资本为主，对综合偿付能力充足率具有提升作用，但不影响核心偿付能力充足率。随着资本补充债券发行频次增加，保险公司综合偿付能力充足率和核心偿付能力充足率的差距加大。2017 年至 2020 年，保险公司综合偿付能力充足率与核心偿付能力充足率之间的差距由 14.71% 上升至 15.14% 。

按保险公司类型划分，再保险公司的综合偿付能力充足率和核心偿付能力充足率差距增幅最大，2020 年比 2017 年增加了 35.05% ，表明再保险公司对附属资本的补充力度大大增强。人身保险公司和财产保险公司的综合偿付能力充足率和核心偿付能力充足率差距小幅上升，2020 年综合偿付能力充足率和核心偿付能力充足率差距分别比 2017 年上升 1.56% 和 0.47% 。保险集团的综合偿付能力充足率和核心偿付能力充足率差距呈现下降趋势，从 2017 年的

27.25%下降至2020年的23.71%，表明保险集团在此期间未加大对附属资本的补充力度（见表2-9）。

表2-9　保险行业偿付能力差异情况概览表　（单位：%）

偿付能力差异情况	2017年	2018年	2019年	2020年
保险行业	14.71	14.90	13.92	15.14
再保险公司	0.00	32.78	26.21	35.05
人身保险公司	8.95	8.45	9.13	10.51
财产保险公司	31.90	34.68	33.24	32.37
保险集团	27.25	28.60	22.79	23.71

注：各类型保险公司能力差异=相应类型公司总和偿付能力充足率-相应类型公司核心偿付能力充足率

资料来源：中国保险资产管理业协会

第三章
保险公司发行资本补充工具的监管和实践

保险公司发行资本补充工具，是对保险业务相关风险进行有效管理的措施之一。各国监管部门通过设置和调整资本计算、计量、计提、补充的监管要求、相关比例、预警基准等，可以根据不同保险公司固有的风险，以及保险公司对投保人、保险行业或整个金融系统构成的风险，适度地增加或减少监管强度，实施为保险公司量身定制的各种监督技术和实践。

第一节　我国保险公司发行资本补充工具的监管政策

近 20 年来，我国金融监管部门先后出台多项监管政策，允许保险公司发行债务类资本补充工具和权益类资本补充工具，确保偿付能力水平。

一、2004 年开始推出保险公司发行次级定期债务等资本补充工具

2004 年 9 月，原保监会发布《保险公司次级定期债务管理暂行

办法》（保监会令〔2004〕10 号，已废止），规范保险公司次级定期债务的定向募集、转让、还本付息和信息披露行为，就保险公司发行次级债的申请条件、债务偿还、信息披露、监管措施等作出规定。

2011 年 10 月，原保监会发布《保险公司次级定期债务管理办法》（保监会令〔2011〕2 号），根据前期业务实践完善保险公司次级定期债的募集条件，增加募集必要性、偿债能力要求、开业超过 3 年等条件，细化部分监管要求，规定募集后累计未偿付的次级债本息金额上限从不超过上年末经审计净资产的 100% 降低到 50%、计入附属资本的次级债金额不超过净资产的 50% 等。《保险公司次级定期债务管理办法》规范了保险公司次级定期债务的管理和偿还流程，明确次级债可以登记托管，取消定向募集的限制，限定保险公司次级债募集资金的运用范围，细化了次级债提前赎回的管理要求，同时，加强次级债的监督管理，要求保险公司每年提交次级债专题报告，强化对登记、托管的报告要求，加强对违规行为的处罚力度。

2012 年 5 月，原保监会发布《关于上市保险公司发行次级可转换债券有关事项的通知》（保监会令〔2012〕45 号），允许上市保险公司和上市保险集团公司发行次级可转换债券。2013 年 3 月，原保监会发布《中国保险监督管理委员会关于修改〈保险公司次级定期债务管理办法〉的决定》（保监会令〔2013〕5 号），允许保险集团（或控股）公司募集次级债。

二、2015 年开始明确保险公司发行资本补充债券事项

2015 年 1 月，中国人民银行和原保监会联合发布《关于保险公司发行资本补充债券有关事宜的公告》（中国人民银行 保险监督管

理委员会公告〔2015〕3号），详细规定保险公司发行资本补充债券的申请要求、申请文件、审批流程等事项，对保险公司发行资本补充债券发挥了重要作用。与2004年开始纳入资本补充工具的次级债相比，资本补充债券主要有两个优势：一是发行条件更加宽松。次级债仅在公司“偿付能力充足率低于150%或者预计未来两年内偿付能力充足率将低于150%”的情况下才可发行，资本补充债券在公司“偿付能力充足率不低于100%”时即可发行，发行条件有所放宽。二是投资者范围更加广泛。资本补充债券可在银行间债券市场发行和交易，而次级债不能进入银行间债券市场，部分机构投资者由于其自身投资范围受到一定限制，只能投资于可在银行间市场交易的债券。因此，和次级债相比，资本补充债券涉及的投资者范围有一定程度的拓宽。基于以上两方面优势，2015年以来，发行资本补充债券已成为保险公司补充资本的主要方式。

三、2022年开始允许保险公司发行无固定期限资本债券进行资本补充

2022年8月，中国人民银行、原银保监会联合发布《关于保险公司发行无固定期限资本债券有关事项的通知》（银发〔2022〕175号），充分考虑偿二代二期工程实施后，我国境内保险公司核心偿付能力充足率和综合偿付能力充足率均面临较大波动的实际情况，允许符合条件的保险公司发行无固定期限资本债券，以满足保险公司补充核心资本的需要，有利于保险公司扩充资本实力和抵御风险，在一定程度上缓解保险公司运行压力，促进保险公司稳健经营和可持续发展，更好地支持实体经济。同时，保险公司发行无固定期限资本债券，除可拓宽保险公司资本补充渠道外，还能丰富境内债券品种，促进境内债券市场发展（见表3-1）。

表 3-1　　保险公司发行资本补充工具相关政策

发布时间	文件名称和文号	主要内容
2004 年 9 月	《保险公司次级定期债务管理暂行办法》（保监会令〔2004〕10 号，已废止）	规范保险公司次级定期债务的定向募集、转让、还本付息和信息披露行为，保证保险公司的偿付能力
2011 年 10 月	《保险公司次级定期债务管理办法》（保监会令〔2011〕2 号）	修改、完善《保险公司次级定期债务管理暂行办法》
2012 年 3 月	《中国第二代偿付能力监管制度体系建设规划》（保监发〔2012〕24 号）	第二代制度体系的指导思想、组织领导、总体目标、整体框架、基本原则、实施步骤和工作机制
2012 年 5 月	《关于上市保险公司发行次级可转换债券有关事项的通知》（保监发〔2012〕45 号）	允许上市保险公司和上市保险集团公司发行次级债
2013 年 3 月	《中国保险监督管理委员会关于修改〈保险公司次级定期债务管理办法〉的决定》（保监会令〔2013〕5 号）	允许保险集团或控股公司募集次级债
2013 年 5 月	《中国第二代偿付能力监管制度体系整体框架》（保监发〔2013〕42 号）	建立第二代偿付能力监管制度体系
2015 年 2 月	《保险公司偿付能力监管规则（1－17 号）》（保监发〔2015〕22 号）（已废止）	偿二代全部主干技术标准共 17 项监管规则
2015 年 11 月	关于保险公司发行资本补充债券有关事宜的公告（中国人民银行、原中国保险监督管理委员会公告〔2015〕第 3 号）	放开并规范保险公司发行资本补充债券
2017 年 9 月	《偿二代二期工程建设方案》（保监发〔2017〕67 号）	启动偿二代二期工程
2021 年 1 月	《保险公司偿付能力管理规定》（银保监会令〔2021〕年 1 号）	明确偿付能力监管的三支柱框架，完善偿付能力监管指标体系等
2021 年 12 月	《保险公司偿付能力监管规则（Ⅱ）》（银保监发〔2021〕52 号）	保险公司偿付能力监管规则第 1 号至第 20 号

续表

发布时间	文件名称和文号	主要内容
2022 年 8 月	关于保险公司发行无固定期限资本债券有关事项的通知（银发〔2022〕175 号）	放开保险公司发行无固定期限资本债券有关事项

资料来源：根据国家金融监督管理总局网站公布信息整理

第二节　保险公司现有资本补充工具的类型和特点

保险公司发行资本补充工具，是为保险业务扩展资本资源，满足保险偿付能力监管对资本量化管理要求的基本措施。同时，保险公司发行资本补充工具，能够满足基于内部模型计算的资本需求，使保险公司提供的保险业务和保险服务能够在应对经济环境、客户需求、风险管理相关的波动时具有一定的弹性和韧性。

一、保险公司发行的资本补充工具

目前，保险公司发行的资本补充工具可分为债务类资本补充工具和权益类资本补充工具。债务类资本补充工具包括无固定期限资本债券、资本补充债券、次级定期债务、境外核心二级资本证券等。权益类资本补充工具包括首次公开发行普通股（以下简称“IPO”）、公开增发、配股、定向增发等。在业务实践中，次级可转换债券（也称“次级可转债”）在转股前具有债务类资本补充工具的特征，在转股后具有权益类资本补充工具的特征。此外，保险公司留存收益也可用于补充资本。

IPO、留存收益和次级可转债（转股后）等资本补充工具可补充保险公司核心一级资本。无固定期限资本债券、境外核心二级资本证券可补充核心二级资本。资本补充债券、次级可转债（转股前）可补充附属一级资本（见表3－2）。

表3－2　我国境内保险公司已发行资本补充工具的基本情况

路径	资本层级	补充工具
直接补充资本	核心一级资本	IPO、留存收益、次级可转债（转股后）
	核心二级资本	境内：无固定期限资本债券 境外：核心二级资本证券
	附属一级资本	资本补充债券、次级可转债（转股前）①、次级债
	附属二级资本	—
资产证券化		保险公司目前发行的保单质押贷款证券化均无法实现改善偿付能力的目的

注：次级可转债转股前具体计入附属资本的层级视监管沟通和条款设计而定。
资料来源：Wind

我国保险公司已发行的境内资本补充工具见表3－3。

表3－3　我国境内保险公司已发行的境内资本补充工具

	A股IPO	次级可转债	资本补充债券
截至2022年末发行规模	1 070亿元	260亿元	3 753亿元
首单上市时间	2007年1月	2013年11月	2015年7月
发行市场	交易所	交易所	银行间市场
法律关系	股东	债权债务	债权债务
内部审批	董事会决议 股东大会批准	董事会决议 股东大会批准	董事会决议 股东大会批准
外部审批	国家金融监督管理总局 中国证监会	国家金融监督管理总局 中国证监会	国家金融监督管理总局 中国证监会

① 中国平安此前在偿一代时期发行，计入附属资本。

续表

	A股IPO	次级可转债	资本补充债券
用途	补充资本	补充资本	补充资本
发行期限	永久	6年	10年
赎回条款	无	当股价或剩余本金满足一定条件时，发行人有赎回权	在第5个计息年度的最后一日，有权按面值全部或部分赎回
受偿顺序	3	转股前：2 转股后：3	2
强制减记/转股	—	—	—

注：一般债权人的受偿顺序为1，资本补充工具受偿序号越大，受偿顺序越靠后。
资料来源：Wind

我国境内保险公司已发行的境外债务类资本补充工具包括：2015年，中国人寿保险股份有限公司在香港联合交易所发行境外美元核心二级资本补充债券，发行金额12.8亿美元（折合人民币77.91亿元），占公司上年末总资产的0.35%，占公司当年净资产的2.71%。2017年，建信人寿保险股份有限公司在香港联合交易所发行境外美元核心二级资本补充债券，发行金额5亿美元（折合人民币34.51亿元），占公司上年末总资产的3.13%，占公司当年净资产的43.79%。已发行的权益类资本补充工具包括：9家保险公司在香港交易所发行普通股，1家保险公司在纽约交易所发行普通股。

相关资料见表3－4。

表3－4　我国境内保险公司境外上市发行普通股情况

上市时间	股票代码	上市公司	上市地点	募集资金
2003年11月	2328. HK	中国人民财产保险股份有限公司	中国香港	56.55亿港元
2003年12月	2628. HK	中国人寿保险股份有限公司	中国香港	263.97亿港元

续表

上市时间	股票代码	上市公司	上市地点	募集资金
2003 年 12 月	LFC. N（已终止上市）	中国人寿保险股份有限公司	美国纽约	25. 18 亿美元
2004 年 6 月	2318. HK	中国平安保险（集团）股份有限公司	中国香港	130. 34 亿港元
2009 年 12 月	2601. HK	中国太平洋保险（集团）股份有限公司	中国香港	255. 28 亿港元
2011 年 12 月	1336. HK	新华人寿保险股份有限公司	中国香港	102. 89 亿港元
2012 年 12 月	1339. HK	中国人民保险集团股份有限公司	中国香港	276. 07 亿港元
2015 年 10 月	1508. HK	中国再保险（集团）股份有限公司	中国香港	163. 95 亿港元
2017 年 9 月	6060. HK	众安在线财产保险股份有限公司	中国香港	136. 83 亿港元
2022 年 12 月	6963. HK	阳光保险集团股份有限公司	中国香港	67. 05 亿港元

资料来源：Wind

二、保险公司发行资本补充工具的主要特点

由于我国上市保险公司的数量较少，发行权益类资本补充工具的机会相对有限，因此我国境内保险公司主要发行债务类资本补充工具，包括在境内发行的资本补充债券、在境外发行核心二级资本补充债券和次级可转债等，提升偿付能力水平，夯实风险管理基础。

（一）资本补充债券

保险公司资本补充债券，是指保险公司发行的用于补充资本、

发行期限在 5 年以上（含 5 年）、清偿顺序列于保单责任和其他普通负债之后、先于保险公司股权资本的债券。通过发行资本补充债券，保险公司可充实附属一级资本，提升综合偿付能力充足率。我国保险公司发行资本补充债券的主要特点如下：

一是制度先行。我国资本补充债券相关的政策包括金融债券相关制度和资本补充债券的专项制度。2005 年以来，中国人民银行先后出台《全国银行间债券市场金融债券发行管理办法》（中国人民银行令〔2005〕第 1 号）、《全国银行间债券市场金融债券发行管理操作规程》（中国人民银行令〔2009〕第 6 号）等金融债券相关制度。在此基础上，2015 年 1 月，中国人民银行和原保监会联合发布《关于保险公司发行资本补充债券有关事宜的公告》（中国人民银行 中国保险监督管理委员会公告〔2015〕3 号），为保险公司发行资本补充债券提供了具体明确的指导。

二是效用明显。资本补充债券已成为保险公司补充附属资本、优化资本结构的重要工具。自 2015 年 7 月 24 日保险公司首次发行资本补充债券以来，截至 2022 年末，保险公司资本补充债券的发行规模累计达到 3 753 亿元，通常为 10 年期固定利率债券，在第 5 年末附有条件的发行人赎回权。

三是投资者分布较集中。保险公司资本补充债券的主要投资者是商业银行，通常以理财和资管类产品的形式进行投资。保险公司也是资本补充债券的重要投资者。目前，公募基金、证券公司等投资者参与相对较少。

（二）核心二级资本补充债券

发行核心二级资本补充债券，有利于保险公司补充核心二级资本，提升保险公司的核心偿付能力充足率和综合偿付能力充足率。我国保险公司发行核心二级资本补充债券的主要特点如下：

一是核心二级资本补充债券具备政策依据。2022 年 8 月，中国人民银行印发《关于保险公司发行无固定期限资本债券有关事项的通知》（银发〔2022〕175 号），于 2022 年 9 月 9 日开始实施，明确了保险公司发行无固定期限资本债券的监管要求。保险公司在境外发行核心二级资本补充债券，按照国家发展与改革委员会《关于推进企业发行外债备案登记制管理改革的通知》（发改外资〔2015〕2044 号）进行外债登记备案。

二是期限设置与监管要求完全匹配。核心二级资本补充债券的期限设置和《保险公司偿付能力监管规则第 1 号：实际资本》对核心二级资本永续性监管要求相匹配。核心二级资本补充债券应当没有到期日或者期限不低于 10 年，发行 5 年后方可赎回并且不得含有利率跳升机制及其他赎回激励。

三是对投资者的吸引力强。核心二级资本补充债券的投资者主要是银行、保险等机构投资者。从相关保险公司在境外发行核心二级资本补充债券的业务实践来看，因优质保险公司发行的资本补充工具在境外市场具有稀缺性，在境外发行核心二级资本补充债券受到各类投资者高度关注和积极参与，包括基金、保险机构、私人银行和商业银行等。

（三）次级可转债

保险公司次级可转债，是指保险公司依照法定程序发行的、期限在 5 年以上（含 5 年）、破产清偿时本金和利息的清偿顺序列于保单责任和其他普通负债之后且在一定期限内依据约定的条件可以转换成公司股份的债券。我国保险公司发行次级可转债的主要特点如下：

一是业务相关制度完备。我国已出台可转债监管制度和保险公司发行次级可转债的专项制度，包括《中华人民共和国公司法》

《中华人民共和国证券法》《上市公司证券发行管理办法》和《关于上市保险公司发行次级可转换债券有关事项的通知》（保监发〔2012〕45号）。

二是次级可转债可以分别补充核心资本和附属资本。次级可转债在转股前少部分计入权益补充核心资本，剩余大部分计入应付债券补充附属资本。待次级可转债完成相关程序转股后，应付债券部分转换为权益，并可纳入核心一级资本。因此，对于保险公司而言，发行次级可转债在实现资本补充之外，还具有实现溢价股本再融资、降低票面利率等优势。

三是次级可转债期限多设置为6年。根据监管要求，目前可转换债券的期限最长为6年。期限越长，投资者转股的可能性越大。此外，由于剩余期限在4年以内含赎回权的资本工具，其认可负债金额逐年递增20%，故期限越长，资本补充效力越高。因此，发行期限设置为6年期也是市场机构认为较为合适的选择，例如，平安集团已发行的次级可转债期限即为6年。

四是次级可转债的投资者群体广泛。在原股东优先配售后，次级可转债剩余额度可通过线下申购和线上申购的方式销售。线下申购主要面向机构投资者。线上申购主要面向个人投资者，其申购规模受到一定限制。因次级可转债和A股IPO类似，上市后往往能够获利，具有打新效应，投资者认购踊跃。

五是目前保险公司较少发行次级可转债，主要由于其发行主体受限、审批流程复杂和对市场情况依赖性较强。在发行主体方面，根据《关于上市保险公司发行次级可转换债券有关事项的通知》（保监发〔2012〕45号）的规定，上市保险公司可成为次级可转债发行主体，非上市保险公司无法发行。在审批流程方面，发行次级可转债需要向证监会提出申请且审核周期相对较长，在一定程度上使资本补充的时效性有所降低。在选择发行窗口方面，次级可转债的价格受到公司股票价格、市场行情、股价波动率、利率和转换条款设计等因素的影响，在一定程度上也增加了次级可转债的发行难度。

三、保险公司资本补充工具面临的挑战

（一）已有的资本补充债券对大型保险公司偿付能力的改善有限

从业务实践来看，虽然资本补充债券能够改善保险公司的资产负债结构，但发行资本补充债券对最低资本较高的大型保险公司偿付能力补充力度有限，对防范阶段性资本不足和提高抗风险能力方面效果不显著。例如，大型保险公司方面，中国人寿于 2019 年发行规模为 350 亿元的资本补充债券，发行后综合偿付能力充足率提升至 262.58%，提升约 12.02 个百分点。平安人寿于 2020 年发行规模为 200 亿元的资本补充债券，发行后综合偿付能力充足率提升至 231.79%，提升约 6.55 个百分点。中小型保险公司方面，珠江人寿于 2019 年上半年发行规模合计 26.5 亿元的资本补充债券，发行后其综合偿付能力充足率提升至 120.46%，提升约 17.98 个百分点，提升幅度显著高于大型保险公司。

（二）保险公司资本补充工具仍有待丰富

保险公司现有的资本补充工具中，可用于补充核心资本的资本工具包括首次公开发行普通股、优先股、配股、定向增发、公开增发等 5 类，可用于补充附属资本的资本工具包括资本补充债券、次级定期债务、可转债等 3 类。与商业银行目前拥有 10 类资本补充工具相比，保险公司可选择的资本补充工具仍相对较少。

同时，保险公司现有的核心资本补充工具仅适用于上市保险公

司，适用范围有限，而且因发行流程较复杂，周期较长，市场应用程度不高。万得（Wind）数据显示，从2004年至2022年，A股上市保险公司合计为7[①]家，首次公开发行合计募集资金为1 073.74亿元，优先股、配股、公开增发等均未使用。

（三）资本补充债券的发行规模和认可规则受限

保险公司发行资本补充债券的规模受到公司净资产的限制。《关于保险公司发行资本补充债券有关事宜的公告》（中国人民银行 保监会公告〔2015〕3号）第十六条规定："保险公司发行的资本补充债券及符合中国保监会要求的次级定期债务之和不得超过净资产的100%。"考虑到金融监管部门对资本补充债券发行规模和发行进度的审慎管理，部分保险公司可能无法一次性申请到满足其资本补充需求的债券额度。

同时，中国风险导向的偿付能力体系（简称"偿二代"）对资本补充债券的认可比例规定较为严格。偿二代对保险风险、市场风险和信用风险等各种可量化风险的最低资本要求明显高于第一代偿付能力监管制度（简称"偿一代"）。偿二代下，发行相同规模的资本补充债券对偿付能力充足率的提升作用将大幅低于偿一代下的提升作用。随着时间的推移，相关债券将按规定逐步计入认可负债，对保险公司补充资本的效力将逐步减弱，无法对保险公司资本起到持续的补充作用。

（四）资本补充债券审批流程较长、批复时效较短

发行资本补充债券需要向监管部门提出申请，整体审批流程较长。考虑到债券市场不断波动的实际情况，保险公司在及时抓住良

① 西水股份于2022年6月14日完成A股退市。截至2022年末，A股上市保险公司共6家。

好的市场发行窗口、有效控制资本补充债券的发行成本等方面面临挑战。

从已有的业务实践来看，监管部门一般要求保险公司在获批后6个月内完成相关资本补充债券的发行，使资本补充债券的发行利率及相关投资者需求在很大程度上取决于短期市场走势。如果市场状况出现波动，保险公司就需要承受出现不利的发行局面等带来的风险。

（五）资本补充债券投资者的可投资规模有限

保险公司资本补充工具的主要投资者包括银行、银行理财公司和保险公司，目前公募基金、证券公司等投资者参与相对较少。根据监管要求，银行、银行理财公司和保险公司的投资规模均受到一定限制，使资本补充债券的发行成本整体偏高。

目前，银行投资保险公司资本补充债券受到银行大小额资本投资限制。根据《商业银行资本管理办法（试行）》（银监会令〔2012〕1号），商业银行持有其他金融机构的各级资本工具，如果超过被投金融机构实收资本的10%，则为大额少数资本投资，需扣减相应监管资本；如果超过银行核心一级资本净额的10%，则应从各级监管资本中对应扣除。

银行理财投资保险公司资本补充债券，受到可投资证券比例的限制。根据《商业银行理财业务监督管理办法》（银保监会令〔2018〕6号），商业银行全部公募理财产品持有单只证券或单只公募证券投资基金的市值，不得超过该证券市值或该公募证券投资基金市值的30%。

保险公司投资其他保险公司资本补充债券受到自身净资产的限制，根据《关于保险公司发行资本补充债券有关事宜的公告》（中国人民银行 保监会公告〔2015〕3号），保险公司持有其他保险公司的资本补充债券和符合中国保监会要求的次级定期债务的余额不得超过本公司净资产的20%，并且需按规定计提最低资本。

（六）境外发行资本补充工具政策有待完善，发行难度大

我国境内保险公司在境外发行资本补充工具尚无完善系统的法规政策明确募集资金用途。在实际操作中，保险公司通过“一事一报”方式与监管部门进行沟通。同时，由于境外债券市场对发行人资质要求相对更高，发行人还将面临更为复杂的境外评级、换汇、控制外汇成本等问题，因此多数保险公司难以通过境外发行核心二级资本债券实现资本补充。

第三节　保险公司发行资本补充工具的业务实践①

发行资本补充工具是保险公司提高核心偿付能力充足水平的重要举措，有利于增强保险公司风险防范化解和服务实体经济能力，也有利于进一步丰富金融市场产品，优化金融体系结构。我国保险公司已经积累较为丰富的资本补充工具发行经验，建立了较为完善的发行制度和管理机制。

一、保险公司资本补充工具发行情况

（一）保险公司债务类资本补充工具的发行情况

目前，我国保险公司以发行境内债务类资本补充工具为主，包

① 本节数据除公开数据外，调研数据来源于中国保险资产管理业协会组织开展的“保险公司资本补充债券发行情况及效果调研”。

括次级债、资本补充债券和无固定期限资本债券等。其中，次级债和资本补充债券发行历史较长，是目前保险公司广泛使用的资本补充工具。

公开数据显示，2004 年至 2022 年，保险公司境内共发行 163 只债务类资本补充工具，发行金额合计 6 314 亿元，其中资本补充债券 88 只，发行金额 3 766 亿元；次级债 75 只，发行金额 2 548 亿元。142 只债务类资本补充工具中，2004 年至 2022 年末，我国保险公司境外发行债券共 14 只，发行金额合计 73.76 亿美元，其中高级债券 12 只，核心二级资本补充债券 2 只。14 只债券中，人身险公司发行 8 只，规模 47.8 亿美元；财产险发行 4 只，共 14.96 亿美元；保险集团发行 2 只，共 11 亿美元。此外，还有个别保险公司通过发行可转换债券进行资本补充。

协会调研显示，截至 2020 年末，有 54 家保险公司发行过债务类资本补充工具债务工具，均为次级债或资本补充债券，合计 121 只。发行金额合计 5 240 亿元，发行时的票面平均利率 5.23%，发行地均为中国境内，发行期限大多为 10 年期。债务类资本补充工具的最主要认购机构为银行，包括银行自营和银行理财。保险公司、基金公司、证券公司等也参与认购。监管部门于 2022 年 9 月开始允许保险公司发行无固定期限资本补充债券，因此截至目前我国境内保险公司尚未开展发行无固定期限资本债券相关业务实践。

相关资料见图 3 - 1。

（二）保险公司权益类资本补充工具的发行情况

除债务类资本补充工具外，保险公司还可使用权益类资本补充工具。发行股票取得的资金一般没有固定的到期日、无须偿还，公司可灵活使用。与现有债务类资本补充工具相比，发行股票不涉及还本付息压力，补充核心资本提升偿付能力的效果明显。但是发行

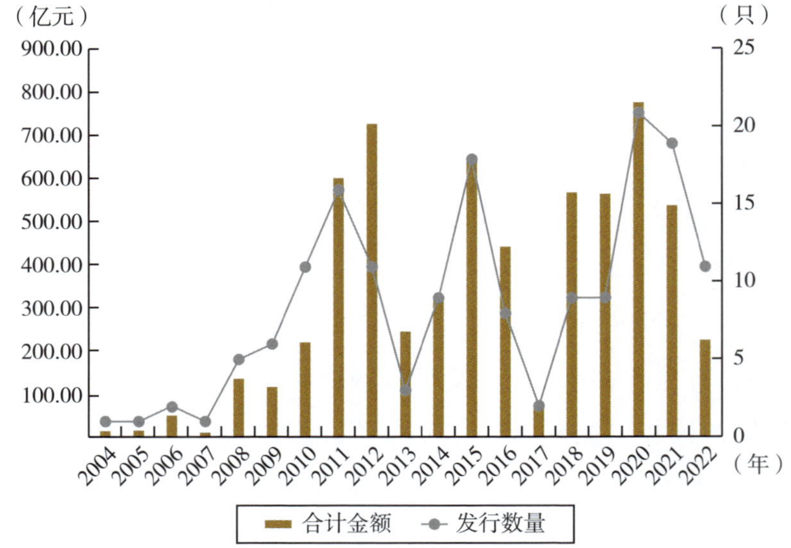

图 3－1　保险公司发行债券的数量和规模

资料来源：中国保险资产管理业协会

股票成本较高，需要监管部门审批，申请流程复杂、审批周期较长。与境外市场相比，我国境内保险机构上市比例较低，这与国内保险业起步较晚、整体发展尚不成熟有关。

截至 2022 年末，我国境内共有 11 家保险公司通过发行股票补充资本。其中，同时在 A 股和 H 股上市的保险公司有 5 家，分别为中国人寿保险股份有限公司、中国平安保险（集团）股份有限公司、中国太平洋保险（集团）股份有限公司、新华人寿保险股份有限公司和中国人民保险集团股份有限公司。单独在 A 股上市的保险公司有 2 家，为天茂实业集团股份有限公司和内蒙古西水创业股份有限公司。单独在 H 股上市的保险公司有 4 家，分别为中国人民财产保险股份有限公司、中国再保险（集团）股份有限公司、众安在线财产保险股份有限公司和阳光保险集团股份有限公司。此外，中国人寿保险股份有限公司于 2003 年 12 月在纽约证券交易所上市（见表 3－5）。

表 3－5　　　　　我国上市保险机构基本情况

上市时间	股票代码	上市公司	上市地点	备注
1996 年 11 月	000627. SZ	天茂实业集团股份有限公司	深圳证券交易所	2016 年因收购天安财险变更为保险股
2000 年 7 月	600291. SH	内蒙古西水创业股份有限公司	上海证券交易所	2016 年因收购天安财险变更为保险股。2022 年 6 月终止上市
2003 年 11 月	2328. HK	中国人民财产保险股份有限公司	香港联交所	
2003 年 12 月	2628. HK	中国人寿保险股份有限公司	香港联交所	
2003 年 12 月	LFC. N	中国人寿保险股份有限公司	美国纽约证券交易所	2022 年 9 月终止上市
2004 年 6 月	2318. HK	中国平安保险（集团）股份有限公司	香港联交所	
2007 年 1 月	601628. SH	中国人寿保险股份有限公司	上海证券交易所	
2007 年 3 月	601318. SH	中国平安保险（集团）股份有限公司	上海证券交易所	
2007 年 12 月	601601. SH	中国太平洋保险（集团）股份有限公司	上海证券交易所	
2009 年 12 月	2601. HK	中国太平洋保险（集团）股份有限公司	香港联交所	
2011 年 12 月	1336. HK	新华人寿保险股份有限公司	香港联交所	
2011 年 12 月	601336. SH	新华人寿保险股份有限公司	上海证券交易所	
2012 年 12 月	1339. HK	中国人民保险集团股份有限公司	香港联交所	

续表

上市时间	股票代码	上市公司	上市地点	备注
2015 年 10 月	1508. HK	中国再保险（集团）股份有限公司	香港联交所	
2017 年 9 月	6060. HK	众安在线财产保险股份有限公司	香港联交所	
2018 年 11 月	601319. SH	中国人民保险集团股份有限公司	上海证券交易所	
2022 年 12 月	6963. HK	阳光保险集团股份有限公司	香港联交所	

注：按上市时间从后往前排序；西水股份于 2022 年 6 月 14 日被上海证券交易所摘牌

资料来源：Wind

二、保险公司境内发行债务类资本补充工具募得资金的配置情况

（一）资产配置结构

调研显示，保险公司发行债务类资本补充工具募得资金以配置银行存款、债券和保险资产管理公司产品为主。

从年末各项资产配置余额来看，2015 年至 2020 年，银行存款余额除 2017 年为 595 亿元外，其余年份均在 800 亿元以上，并且呈现逐年上升的趋势。债券、保险资产管理公司产品和证券投资基金的配置余额较为稳定，各年末余额保持约在 400 亿元、180 亿元和 100 亿元。买入返售金融资产、股票、股权、贷款、拆借资金等的配置余额相对较低。目前，保险公司没有进行金融衍生工具和投资性房地产的配置（见图 3－2）。

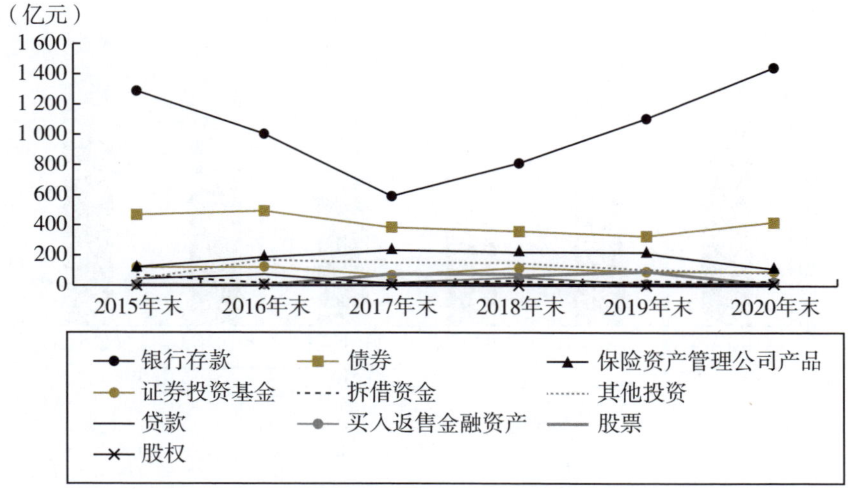

图 3－2 资产配置余额变化情况

资料来源：中国保险资产管理业协会

从年末各项资产余额占比情况来看，2015 年至 2020 年，银行存款占比先下降后上升，其中 2017 年末占比最低，约为 38%，2020 年末占比最高，约为 65%。债券占比基本保持稳定，各年末占比保持在 16% ~25% 的区间，2020 年末占比约为 19%。保险资产管理公司产品占比先上升后下降，其中 2017 年末占比最高，约为 15%，2020 年末占比最低，约为 5%。此外，股票余额占比变动较大，2017 年末占比约为 5%，2020 年末占比降至 0. 35%。买入返售金融资产、股权、贷款、拆借资金余额占比相对较少，各年末合计占比均不足 6% （见图 3－3）。

（二）投资收益率

调研显示，2015 年至 2020 年，保险公司债务类资本补充工具的平均加权融资成本为 5. 29%，债务类资本补充工具募得资金的平均加权投资收益率为 4. 89%，保险公司保险资金运用的平均投资收益率为 5. 92%。仅从发行债务类资本补充工具的角度来看，发行后募集资金

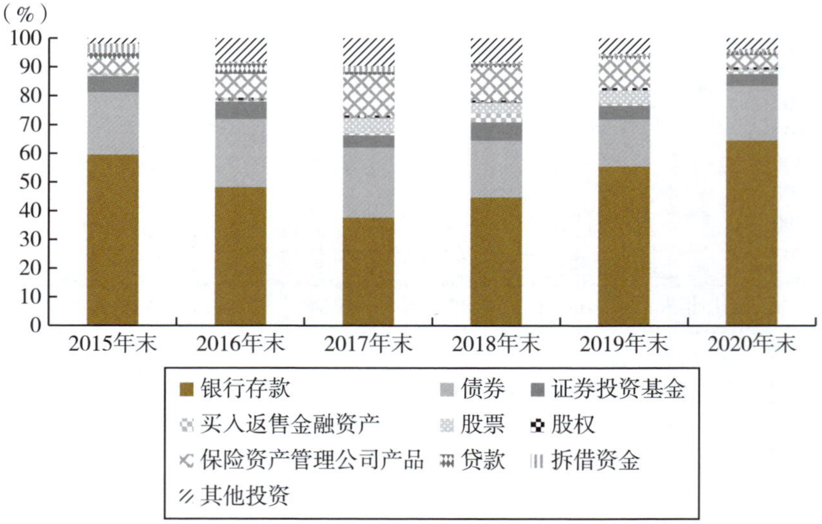

图 3－3　资产配置占比变化情况

资料来源：中国保险资产管理业协会

的投资收益无法覆盖发行成本。但是扩大至保险资金运用层面进行分析，保险公司保险资金运用的投资收益率基本可以覆盖发行成本。

从各年情况来看，2015 年至 2020 年，保险公司债务类资本补充工具募得资金的投资收益率呈下降趋势，2015 年投资收益率最高，约为 6.64%；2020 年投资收益率最低，约为 3.36%。保险公司债务类资本补充工具的加权融资成本保持基本稳定，约为 5.3%（见图 3－4）。除 2015 年外，其余各年保险公司债务类资本补充工具募得资金的加权投资收益率均无法覆盖融资成本。

（三）保险公司发行资本补充工具补充现金流的成效

调研显示，我国保险公司发行债务类资本补充工具能够较好地补充公司现金流。2015 年至 2020 年，我国境内保险公司发行债务类资本补充工具对公司现金流均起到积极作用，但受到发行规模和发行进度的影响，发行资本补充工具对补充公司现金流的成效每年差

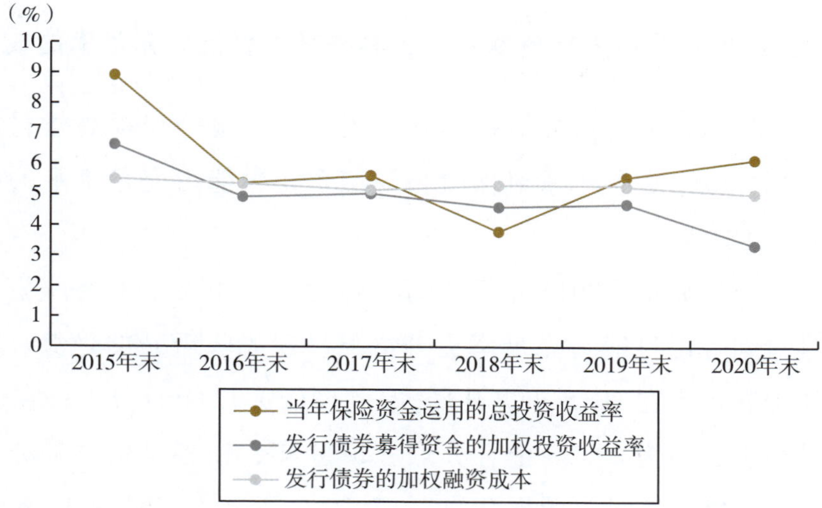

图 3－4　资产配置收益率情况

资料来源：中国保险资产管理业协会

异较大。保险公司发行债务类资本补充工具的金额占当年公司整体现金净流入的比例在 2015 年最低，约为 30%；在 2016 年最高，约为 1 027%；2020 年，该比例约为 185%（见图 3－5）。

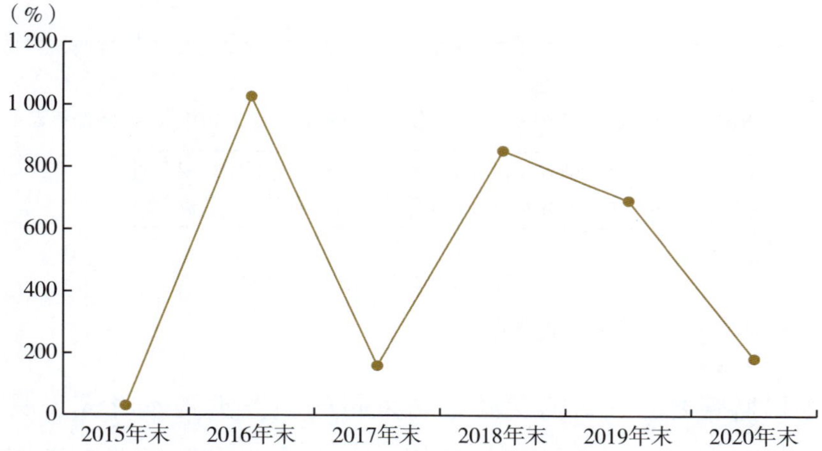

图 3－5　当年债券发行总规模/本年度公司整体现金净流入

资料来源：中国保险资产管理业协会

（四）保险公司发行资本补充工具提升偿付能力充足率的成效

调研显示，发行债务类资本补充工具对保险公司提高偿付能力起到了积极效果。各年末对保险公司综合偿付能力充足率平均提升35.58个百分点。

逐年分析显示，2015年至2020年，保险公司发行债务类资本补充工具对综合偿付能力充足率提升情况呈现先降后升的趋势。综合偿付能力充足率在2015年提升最多，约为50.22个百分点；在2017年提升最少，约为28.76个百分点。2020年，债务类资本补充工具对综合偿付能力充足率的提升约为37.29个百分点（见图3-6）。

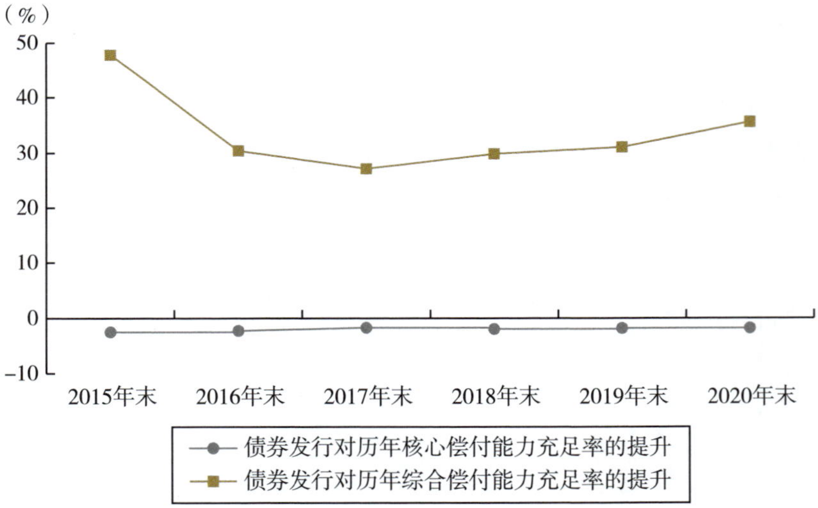

图3-6 债券发行对偿付能力充足率的影响

资料来源：中国保险资产管理业协会

根据监管要求，目前保险公司发行的债务类资本补充工具均用于补充附属资本，无法补充核心资本。保险公司发行债务类资本补充工具的募得资金一般会配置收益率较高的资产以提升整体投资收益水平。这将增加保险公司最低资本要求，因此对核心偿付能力充足率也会产生一定的影响。

三、保险公司境外发行核心二级资本补充债券的成效

随着全球资本市场的融合发展，保险公司也积极利用境外市场发行资本补充工具。调研显示，共有 2 家保险公司在境外发行核心二级资本补充债券。此类债券存续期限长，在会计上可计入权益，对于改善公司杠杆率、核心偿付能力充足率、综合偿付能力充足率等指标具有积极作用。

2015 年，中国人寿保险股份有限公司发行境外美元核心二级资本补充债券，发行金额 12.8 亿美元（合人民币 77.91 亿元），占公司上年末总资产的 0.35%，占公司净资产的 2.71%。发行核心二级资本补充债券使该公司当年核心偿付能力充足率和综合偿付能力充足率各提升 9.71 个百分点。

2017 年，建信人寿保险股份有限公司发行境外美元核心二级资本补充债券，发行金额 5 亿美元（合人民币 34.51 亿元），占公司上年末总资产的 3.13%，占公司净资产的 43.79%。发行核心二级资本补充债券使该公司当年核心偿付能力充足率和综合偿付能力充足率各提升 38 个百分点。

以上两家保险公司均分别设立单独账户管理核心二级资本补充债券募得资金。发行核心二级资本补充债券至今，相关债券的投资收益率基本保持稳定。

第四章
保险公司投资资本补充工具的监管和实践

保险业务的持续发展，需要保险公司持有满足履行各类保险合同需求和资本计提要求的资产。保险公司资产组合的质量和特征，以及保险公司资产与其负债之间动态发展的相互依存关系，是评估保险公司偿付能力状况的核心，也是监管部门高度关注和保险公司必须有效管理的重要环节。保险公司主动开展资本补充工具相关投资，确保偿付能力，管理投资风险，也有助于防范监管资本要求不能完全涵盖保险公司固有风险的可能性。

第一节　保险公司投资资本补充工具的监管政策

保险公司开展资本补充工具相关投资，经历了逐步深化认识和逐渐探索实践的过程。保险公司积极开展资本补充工具投资，在补充资本、提升风险抵御能力的同时，有利于丰富自身资产配置领域、优化资产负债期限结构、提升投资能力。我国境内保险公司投资资本补充工具经历了以下五个发展阶段。

一、2005年放开保险资金投资商业银行次级债券

2005年8月，原保监会发布《保险机构投资者债券投资管理暂行办法》（保监发〔2005〕72号），系统整合保险机构债券投资政策，明确划分债券类别，增加投资品种，调整具体投资比例。主要内容如下：

一是规定保险公司投资政策性银行次级债券、商业银行次级债券、私募公司发行的次级债券、商业银行次级定期债务、保险公司次级定期债务等资本补充工具的比例、评级和期限。《保险机构投资者债券投资管理暂行办法》（保监发〔2005〕72号）首次将商业银行次级债券纳入保险资金的投资范围。从业务实践来看，由于商业银行信用资质较好、次级债券包含利率跳升条款、票面利率较高，并且商业银行次级定期债务的期限和保险资金投资运用的期限较为匹配，保险公司对商业银行次级债券的配置需求逐渐上升。

二是明确担保和信用评级对于保险机构债券投资的重要性。信用等级较差的债券不再纳入保险公司的投资范围，引导保险资金的投资向高质量债券集中，有效控制风险，提升投资质量。

三是突出尊重市场、自主投资的原则。规定保险公司可以按照市场原则、投资策略和监管要求自主配置债券资产，自担风险、自负盈亏。

《保险机构投资者债券投资管理暂行办法》（保监发〔2005〕72号）的出台，改变了过去对债券投资采用单一比例控制的做法，促进保险公司逐步培育投资能力和风险管理能力。基于不同的债券信用等级，采用差异化的控制比例，有利于扩大保险公司投资操作空间，提高投资组合灵活度。

二、2012 年放开保险资金投资商业银行和保险公司的可转换债券和混合资本债券

2012 年 7 月，原保监会印发《保险资金投资债券暂行办法》（保监发〔2012〕58 号），进一步扩大债券投资品种，提高债券投资上限，适度放宽发债企业的发行限制并加强风险管控。

一是扩大债券投资品种，将商业银行和保险公司可转换债券和混合资本债券纳入投资范围。同时，放宽对保险资金可投资企业（公司）债券[①]的规定，取消对商业银行债券和非金融企业（公司）债券发债企业的盈利要求，将无担保非金融企业（公司）债券的信用评级从 AAA 级降至 AA 级，增加无担保非金融企业（公司）债券的簿记建档发行方式。

二是提高债券投资上限，放宽保险公司债券的投资总额、同一期单品种债券的投资比例、同一发行人发行的企业（公司）债券的投资比例和关联方发行的企业（公司）债券的投资比例。《保险资金投资债券暂行办法》（保监发〔2012〕58 号）将有担保的金融企业债券投资总额交由企业自主确定，取消以往对这些债券投资的分品种限制；将无担保的非金融企业（公司）债券投资比例要求从不超过上季末总资产的 15% 提升至不超过上季末总资产的 50%。

三是调整保险公司投资无担保非金融企业（公司）债券的偿付能力要求。《保险资金投资债券暂行办法》（保监发〔2012〕58 号）将保险公司投资无担保非金融企业（公司）债券的偿付能力监管要求调整为“保险公司上季度末偿付能力充足率低于 120% 的，不得

---

① 公司债券是由股份有限公司或有限责任公司发行的债券；企业债券是由中央政府部门所属机构、国有独资企业或国有控股企业发行的债券。

投资无担保非金融企业（公司）债券”，与此前实施的《中国保险监督管理委员会关于增加保险机构债券投资品种的通知》（保监发〔2009〕42号）中“保险机构季度偿付能力充足率低于150%的，不得投资无担保债券”的规定相比，明显有所放宽。

三、2014年放开保险资金投资优先股

2014年10月，原保监会发布《中国保监会关于保险资金投资优先股有关事项的通知》（保监发〔2014〕80号），规定保险资金投资优先股的资产分类、市场化原则、信用评估要求、投资形式和风险防范等内容，允许具备相应投资管理能力的保险公司投资符合条件的优先股[①]。

《中国保监会关于保险资金投资优先股有关事项的通知》（保监发〔2014〕80号）使优先股等权益类资本补充工具纳入保险公司资产管理，支持保险资金在资本市场中逐渐成长为主要的机构投资者，发挥长期投资的积极作用，开展资本性、长期性和稳健性投资，优化资本结构和资产配置，建立健全货币市场、资本市场和保险市场有机结合、协调发展的机制。

四、2019年放开保险资金投资商业银行二级资本债券和无固定期限资本债券

2019年1月，《中国银保监会关于保险资金投资银行资本补充债券有关事项的通知》（银保监发〔2019〕7号，已废止）再次扩

① 优先股，是指依照中国境内相关法律法规，在一般规定的普通种类股份之外，另行规定的其他种类股份。优先股的股份持有人具有优先于普通股股东分配公司利润和剩余财产的权利，但参与公司决策管理等权利受到限制。优先股包括公开发行的优先股和非公开发行的优先股。

展保险资金配置品种，明确发行和投资标准，在拓宽资本补充渠道的同时加强风险管理。主要内容如下：

一是扩大债券投资范围。允许保险资金投资商业银行发行的二级资本债券和无固定期限资本债券，规定发行人应当符合规定的公司治理、资本水平、偿付能力、主体评级等条件。

二是明确保险资金可投资的债券信用级别，规定保险资金投资的商业银行二级资本债券应当具有国内信用评级机构评定的AAA级或者相当于AAA级的长期信用级别，保险资金投资的商业银行无固定期限资本债券应当具有国内信用评级机构评定的AA+级或者相当于AA+级以上的长期信用级别。

三是与以往监管政策和市场实践相比，《中国银保监会关于保险资金投资银行资本补充债券有关事项的通知》（银保监发〔2019〕7号，已废止）对发行人资产规模、资本充足率和外部评级的要求较高，其中二级资本债券和无固定期限资本债券的发行要求相比次级债券的发行要求更加严格。

五、2020年放宽资本补充债券投资相关的发行人标准，允许保险资金投资中小银行资本补充债券

2020年5月，《中国银保监会关于保险资金投资银行资本补充债券有关事项的通知》（银保监发〔2020〕17号）主要在以下方面进行了调整：

一是放宽保险资金可投资的资本补充债券发行人条件。丰富保险资产配置品种，拓宽保险资金配置空间，取消发行人总资产不低于1万亿元、净资产不低于500亿元、外部信用评级必须为AAA级的要求。将发行人“核心一级资本充足率不低于8%，一级资本充足率不低于9%，资本充足率不低于11%”的要求调整为“资本充

足率符合监管规定”。上述调整不仅有利于保险资金拓展可投资的资本补充债券选择范围，而且在一定程度上可支持中小金融机构多渠道补充资本，优化其资本结构。

二是提升保险资产管理的投资能力要求。取消保险资金可投资的债券相关外部信用等级要求，取消可投资的二级资本债券的债项评级（AAA 级）和无固定期限资本债券的债项评级（AA + 级）要求，扩大保险公司投资自主权，使保险公司在确认投资价值和进行风险判断方面拥有更多权利。同时，明确保险公司信用风险管理能力应当达到监管规定的标准，促进保险公司加强资产评估和风险评估，逐渐提升内部评级和风险评测能力。

三是促进保险资金运用的定量管理和定性管理。《中国银保监会关于保险资金投资银行资本补充债券有关事项的通知》（银保监发〔2020〕17 号）明确规定“保险机构投资银行二级资本债券和无固定期限资本债券的，其信用风险管理能力应当达到监管规定的标准，且上季度末偿付能力充足率不得低于 120%”。同时，文件要求保险公司按照发行人对资本补充债券属于权益工具或者债务工具的分类，相应地将其确认为保险公司自身的权益类资产或者固定收益类资产，实施相应的比例监管要求。

相关政策见表 4 – 1。

表 4 – 1　　保险公司投资资本补充工具相关政策

发布时间	文件名称	主要内容
2005 年	《保险机构投资者债券投资管理暂行办法》（保监发〔2005〕72 号）	加强保险资金债券投资管理，丰富投资品种，改善投资组合，有效分散风险
2012 年	《保险资金投资债券暂行办法》（保监发〔2012〕58 号）	规范保险资金投资债券行为，改善资产配置
2014 年	《中国保监会关于保险资金投资优先股有关事项的通知》（保监发〔2014〕80 号）	放开保险资金投资优先股，优化资产配置结构

续表

<table>
<tr><th>发布时间</th><th>文件名称</th><th>主要内容</th></tr>
<tr><td>2019 年</td><td>《中国银保监会关于保险资金投资银行资本补充债券有关事项的通知》（银保监发〔2019〕7 号，已废止）</td><td rowspan="2">服务实体经济，扩大保险资金配置空间</td></tr>
<tr><td>2020 年</td><td>《中国银保监会关于保险资金投资银行资本补充债券有关事项的通知》（银保监发〔2020〕17 号）</td></tr>
</table>

资料来源：根据国家金融监督管理总局网站公布信息整理

第二节　保险公司投资资本补充工具的业务实践

保险公司可投资的资本补充工具主要有债务类资本补充工具和权益类资本补充工具。目前，我国境内保险公司投资的债务类资本补充工具包括资本补充债券、次级定期债务、无固定期限债券，权益类资本补充工具包括普通股和优先股。此外，我国境内保险公司还可以投资次级可转换债券，次级可转换债券在转股前具有债务类资本补充工具特征，转股后具有权益类资本补充工具特征。本节主要对保险公司投资债务类资本补充工具的情况进行分析。[①]

一、保险公司投资债务类资本补充工具的整体情况

保险公司投资债务类资本补充工具的发展经历了以下阶段：

① 调研数据来源于中国保险资产管理业协会组织开展的保险公司资本补充债券发行情况及效果调研。

第一阶段自2005年至2012年。2005年8月，原保监会发布《保险机构投资者债券投资管理暂行办法》（保监发〔2005〕72号），促进保险资金投资商业银行次级债券。在监管政策的支持下，保险公司对债务类资本补充工具的投资规模逐年扩大，认购金额逐渐升高，并在2011年和2012年达到高峰，年度认购规模合计超过2 000亿元。

第二阶段自2013年至2018年。2012年6月，原银监会发布《商业银行资本管理办法（试行）》（银监会令〔2012〕1号），规定“只有包含减记或转股条款的合格二级资本工具才可全额计入二级资本，自2013年1月1日起发行的不合格资本工具不再计入监管资本”。由于商业银行次级债券不满足合格二级资本工具的相关监管要求，自2013年起我国境内商业银行停止发行次级债券，转而根据《关于商业银行资本工具创新的指导意见》（银监发〔2012〕56号，已废止）发行二级资本债券。与此同时，原保监会尚未放开保险资金投资银行二级资本债券，因此在这一阶段保险公司对债务类资本补充工具的投资规模相对有所缩小。

第三阶段自2019年至今。2019年1月，《中国银保监会关于保险资金投资银行资本补充债券有关事项的通知》（银保监发〔2019〕7号，已废止）发布，允许保险资金投资商业银行发行的二级资本债券和无固定期限资本债券。依据该项监管政策，保险公司投资二级资本工具和其他一级资本补充工具的规模迅速增加，呈逐年上升趋势。中国保险资产管理业协会的调研显示，保险公司2018年投资债务类资本补充工具的金额约290亿元，2019年的投资金额约1 400亿元，2020年的投资金额约1 700亿元，三年同比增长接近500%。此外，保险公司2020年投资其他一级资本补充工具的规模约860亿元，首次超过其投资二级资本补充工具的规模。保险公司对债务类资本补充工具的投资偏好逐渐趋于多元化。

二、不同类型保险公司投资债务类资本补充工具情况

调研显示，2004 年至 2020 年，我国境内人身保险公司是投资资本补充工具的主要机构，累计投资不同类型资本补充工具的金额约 8 731 亿元。财产保险公司累计投资不同类型资本补充工具的金额约 950 亿元。保险集团公司累计投资不同类型资本补充工具的金额约 640 亿元。再保险公司累计投资不同类型资本补充工具的金额约 114 亿元（见图 4－1）。

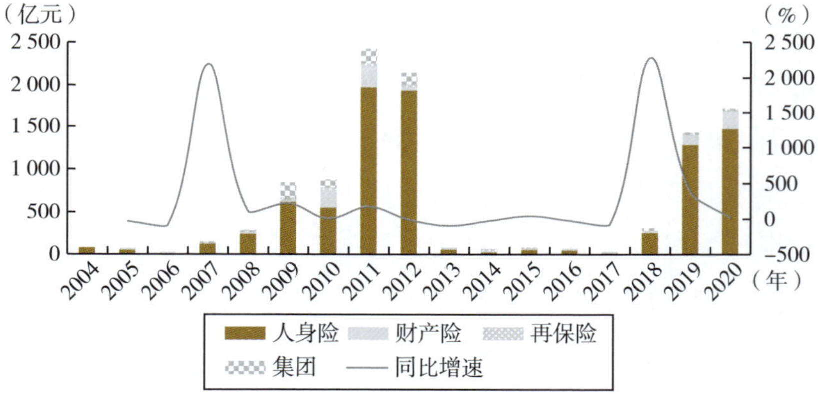

图 4－1　历年各类型保险公司投资债务类资本补充工具的情况

资料来源：中国保险资产管理业协会

在已有的债务类资本补充工具中，人身保险公司、财产保险公司、再保险公司和保险集团公司的投资均以银行发行的二级资本补充工具为主。人身保险公司和财产保险公司部分投资于投资银行发行的其他一级资本补充工具和保险公司发行的附属一级资本补充工具。所有类型的保险公司对次级可转债券的投资规模相对较小（见图 4－2）。

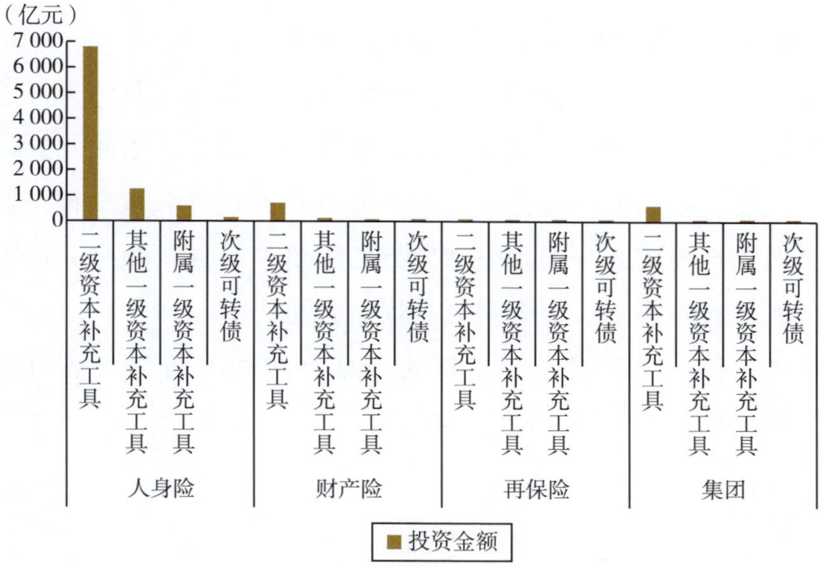

图 4－2　保险公司投资各类型债务类资本补充工具的情况

资料来源：中国保险资产管理业协会

三、保险公司投资债务类资本补充工具的持仓变化

考虑到商业银行信用资质较好、发行的资本补充工具与保险资金的期限较为匹配、银行保险战略合作密切等因素，我国境内保险公司主要投资于银行发行的二级资本补充工具。

调研显示，2004 年至 2020 年，我国境内保险公司累计投资二级资本补充工具的金额约 8 240 亿元。其中，保险公司累计投资大型银行发行的二级资本补充工具约 5 800 亿元，累计投资股份制银行发行的二级资本补充工具约 2 000 亿元，累计投资城商行发行的二级资本补充工具约 440 亿元。

2004 年至 2020 年，我国境内保险公司累计投资银行发行的其他一级资本补充工具约 1 400 亿元，主要是银行发行的无固定期限资本债券。其中，保险公司累计投资大型银行发行的其他一级资本补充工具约 800 亿元，累计投资股份制银行发行的其他一级资本补充工具约 570 亿元，累计投资城商行发行的其他一级资本补充工具约 12 亿元。

保险公司投资附属一级资本补充工具相对较少，累计金额约 700 亿元，主要包括同业保险公司发行的资本补充债券和次级债。其中，保险公司累计投资人身保险公司发行的附属一级资本补充工具约 450 亿元，发行人中有 2/3 为大型人身保险公司。

此外，保险公司投资少量银行和证券公司发行的次级可转债，累计投资金额约 95 亿元（见图 4－3）。

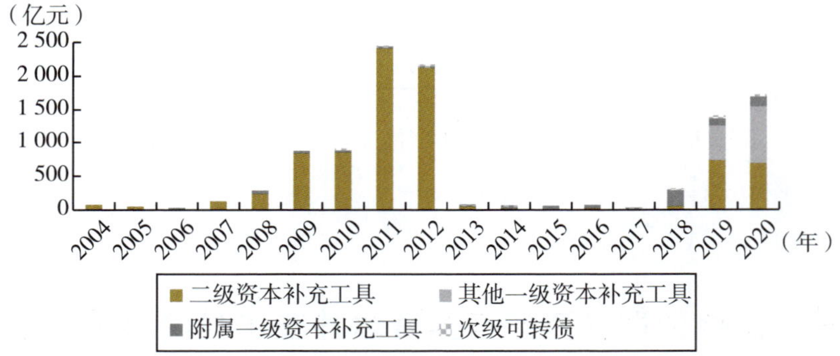

图 4－3　历年保险公司投资各类型债务类资本补充工具的情况

资料来源：中国保险资产管理业协会

从投资余额和持仓变化来看，截至 2020 年末，保险公司持有金融机构发行的债务类资本补充工具（投资区间为 2004 年至 2020 年）余额约 7 740 亿元，占初始投资规模的 74%。其中，保险公司持有银行发行的二级资本补充工具余额约 5 745 亿元，较初始投资金额下降 36%；持有保险公司发行的附属一级资本补充工具余额约 553 亿元，较初始投资金额下降 20%；持有银行发行的其他一级补充工具余额约 1 390 亿元，与初始投资金额持平；持有银行和证券公司发行的次级可转债余额约 44 亿元，较初始投资金额下降 50%（见图 4－4）。

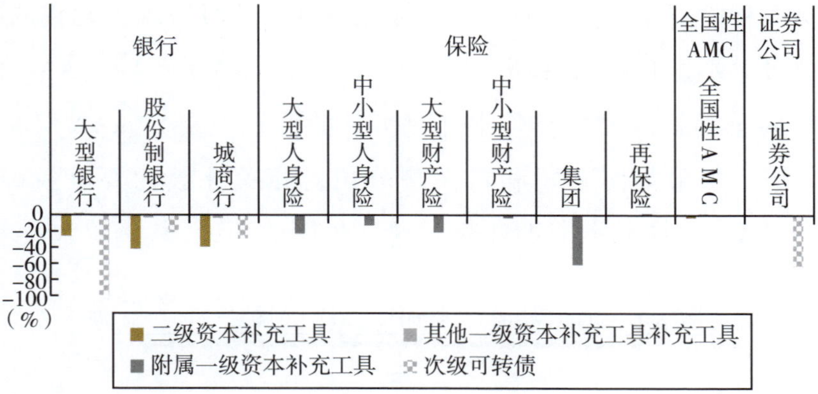

图4-4　保险公司债务类资本补充工具持仓变化

资料来源：中国保险资产管理业协会

四、保险公司投资的债务类资本补充工具的评级情况

目前，我国境内保险公司投资的债务类资本补充工具评级普遍较为优质。已投资资本补充工具的债项评级为AAA级及以上的金额占比89%，已投资资本补充工具的主体评级为AAA级及以上的金额占比96%（见图4-5）。

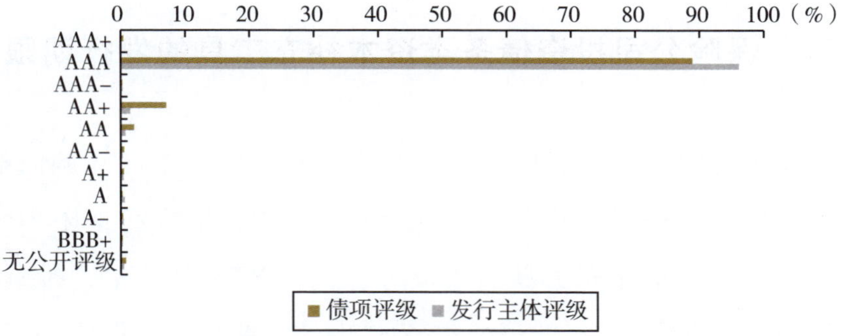

图4-5　保险公司投资债务类资本补充工具的评级分布

注：部分资本补充工具因为发行年份较早被豁免评级，无公开评级结果。

资料来源：中国保险资产管理业协会

人身保险公司投资债务类资本补充工具的评级呈现多元化的特点，债项评级主要集中于AAA级及以上，少部分为AA+、AA、AA-级等。财产保险公司投资债务类资本补充工具的评级主要为AAA级，部分为AA级。保险集团公司和再保险公司对相关评级的要求较高，仅投资于AAA级债务类资本补充工具（见图4-6）。

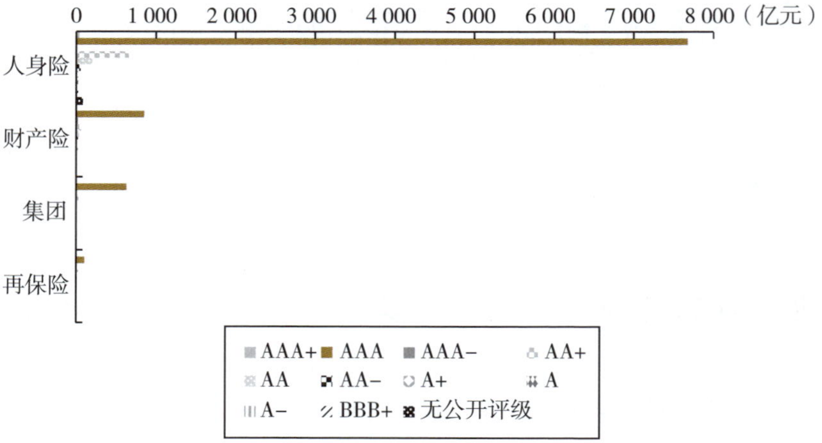

图4-6　不同类型保险公司投资债务类资本补充工具的债项评级

资料来源：中国保险资产管理业协会

五、保险公司投资债务类资本补充工具的发行期限

保险公司倾向于投资期限长的债务类资本补充工具。调研显示，在保险公司债务类资本补充工具总投资金额中，对发行期限10年及以上的债务类资本补充工具的投资金额占比83%，其中，投资金额最多的是发行期限15年的债务类资本补充工具。人身保险公司、财产保险公司、再保险公司和保险集团公司对发行期限15年的债务类资本补充工具的投资金额占各自债务类资本补充工具投资总金额的比例分别为56.74%、52.13%、47.69%和85.02%。人身保险公

司、财产保险公司、再保险公司和保险集团公司对发行期限 10 年的债务类资本补充工具的投资金额占各自债务类资本补充工具投资总金额的比例分别为 20.56%、24.85%、35.31% 和 7.49%。此外，人身保险公司和财产保险公司少量投资了发行期限 5 年的债务类资本补充工具，投资金额占各自债务类资本补充工具投资总金额的比例分别为 16.08% 和 17.18%（见图 4－7）。

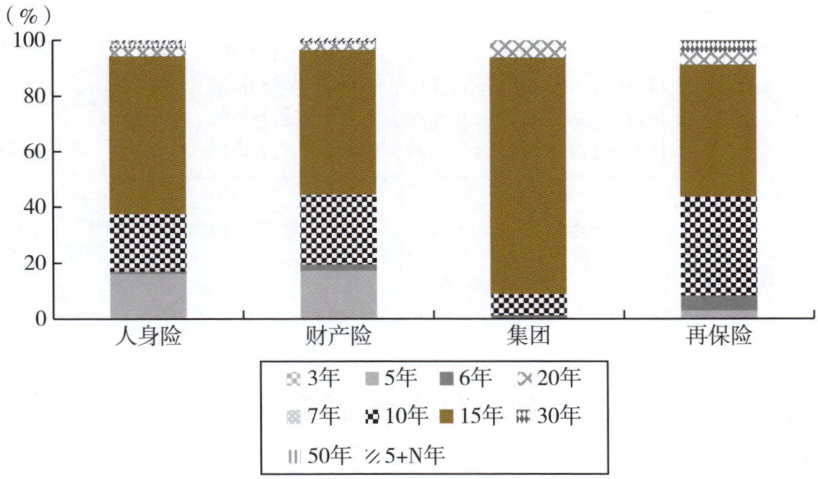

图 4－7　各类型保险公司投资债务类资本补充工具的发行期限

资料来源：中国保险资产管理业协会

六、保险公司投资债务类资本补充工具的利率水平

调研显示，2004 年至 2020 年，保险公司投资的债务类资本补充工具的发行利率区间跨度较大，为 0.2% ~8%。在总投资金额中，有 86% 的债务类资本补充工具发行利率集中于 4% ~6%。人身保险公司、财产保险公司、再保险公司和保险集团公司投资发行利率为 4% ~6% 的债务类资本补充工具的金额占各自债务类资本补充工具

投资总金额的比例分别为 89.47%、53.17%、72.95% 和 96.42%，投资其他利率区间金额所占比例较少（见图 4－8）。

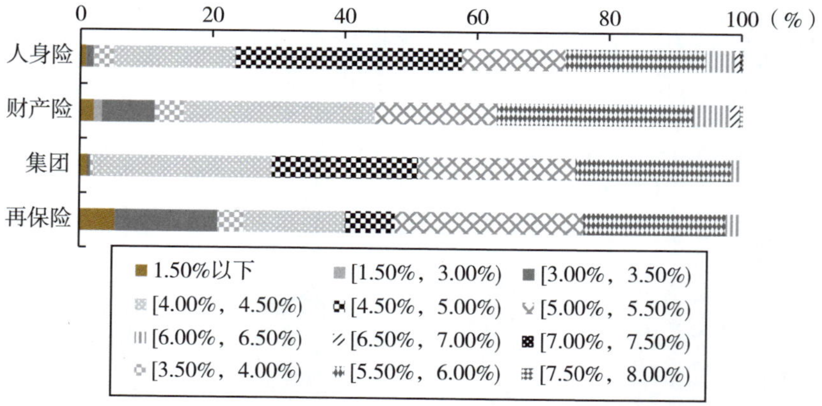

图 4－8　各类型保险公司投资债务类资本补充工具的利率情况

资料来源：中国保险资产管理业协会

七、不同类型保险公司投资债务类资本补充工具的情况总结

2004 年至 2020 年，人身保险公司、财产保险公司、再保险公司和保险集团公司投资债务类资本补充工具的情况对比如下：

一是四类保险公司投资债务类资本补充工具的发展趋势基本一致，投资规模和投资金额均呈现先上升后下降，然后逐渐增多并向多元化发展的趋势。

二是人身保险公司投资债务类资本补充工具的规模远大于其他类型的保险公司。四类保险公司投资债务类资本补充工具的主要类型均为银行发行的二级资本补充工具，投资比例超过 70%。人身保险公司投资债务类资本补充工具的金额占保险公司投资债务类资本补充工具总金额的比例为 84%，财产保险公司投资占比 9%，保险集团公司投资占比6%，再保险公司投资占比仅1%左右。

三是人身保险公司投资债务类资本补充工具的评级情况相对多元化，再保险公司和保险集团公司投资债务类资本补充工具的评级要求相对更高。人身保险公司投资债务类资本补充工具的评级主要为AAA级，同时部分投资于AA+、AA、AA-级债务类资本补充工具。财产保险公司投资债务类资本补充工具债项评级为AAA级及以上的金额占比90%，少量投资于AA级债务类资本补充工具。再保险公司和保险集团公司投资债务类资本补充工具的主体评级均为AAA级及以上。

四是四类保险公司投资债务类资本补充工具的发行期限普遍较长，但分布差异较大。人身保险公司和财产保险公司投资债务类资本补充工具的发行期限分布基本一致，主要分布于5年期、10年期和15年期。再保险公司投资债务类资本补充工具的发行期限主要分布于10年期和15年期，5年期占比较低。保险集团投资15年期债务类资本补充工具的金额占比约85%，远高于其他三类保险公司投资15年期及以上债务类资本补充工具的比例。

五是四类保险公司投资债务类资本补充工具发行利率值的分布相似，主要集中在4%～6%之间，但利率类型分布差异较大。人身保险公司和财产保险公司投资的债务类资本补充工具发行利率均以固定利率为主，部分投资于发行利率为累进利率或浮动利率的债务类资本补充工具。再保险公司和保险集团投资的债务类资本补充工具发行利率主要为固定利率或累进利率。其中，再保险公司投资固定利率的债务类资本补充工具金额占其债务类资本补充工具投资总金额比例为90%。保险集团投资累进利率的债务类资本补充工具金额占其债务类资本补充工具投资总金额比例为40%。

第五章 银行资本管理和资本补充工具相关政策和实践

确保整个金融系统的安全性和稳健性是所有监管部门共同的目标。为实现这一目标，自 20 世纪 80 年代末以来，世界各国监管部门根据巴塞尔委员会的指导方针，制定了各种资本和运营标准。这些标准包括两种形式：一是监管部门规定银行必须遵守的最低资本要求，以确保银行持有充足的资本和准备金，可以承受业务中出现的风险；二是公布银行在风险管理方面的稳健做法和良好实践，引导银行以安全和稳健的方式运营。这两类标准是相互依存、相互支持的。

资本是银行设立和开展经营活动的基本条件，可以用于吸收银行经营亏损和抵御风险。银行资本分为核心一级资本、其他一级资本和二级资本，每级资本对应不同的资本补充工具。多样化的资本补充工具能够有效提升银行资本质量和资本充足率，保障银行业健康发展。

第一节　银行资本管理体系的演变

1974 年，G10 成员国（美国、英国、法国、德国、意大利、日本、荷兰、加拿大、比利时和瑞典）设立巴塞尔委员会（Basel Committee）确保成员国监管机构之间开展国际合作。巴塞尔委员会通过建立一系列银行监管国际标准（通常称为“巴塞尔资本协议”），提高银行业监管质量，促进金融稳定。1988 年至今，巴塞尔资本协议已发布三个版本。

一、《巴塞尔资本协议 Ⅰ》

20 世纪 80 年代，南美洲债务危机导致国际主要银行的资本比率恶化。为增强国际银行体系稳定性，缓解因国家资本要求差异导致的不公平竞争问题，巴塞尔委员会于1988 年7 月发布《关于统一资本衡量和资本标准的国际协议》（International Convergence of Capital Measurement and Capital Standards）（通常称为《巴塞尔资本协议 Ⅰ》），使用资本与风险加权资产的比率（即资本充足率）衡量银行资本充足性。

$$\frac{(\text{一级资本}+\text{二级资本})-\text{资本扣除项}}{\text{信用风险加权资产}}=\text{资本充足率}$$

《巴塞尔资本协议 Ⅰ》将资本分为一级资本和二级资本。一级资本包括普通股、永久性非累计优先股和公开储备等；二级资本包括未公开储备、重估储备、贷款损失准备、混合资本工具和长期次级债务等。信用风险加权资产金额为表内外资产和相应风险权数的乘积，主要用于衡量信用风险。按资产的风险程度设定 5 类风险权重，分别为 0、10%、20%、50% 和 100%。巴塞尔委员会要求，资本充足率不得低于 8%，一级资本充足率不得低于 4%。

1996 年 1 月，巴塞尔委员会发布《巴塞尔资本协议市场风险修正案》（Amendment to the Capital Accord to Incorporate Market Risks），将市场风险的资本要求纳入资本监管框架，允许银行使用内部模型衡量市场风险资本要求（见图 5－1）。

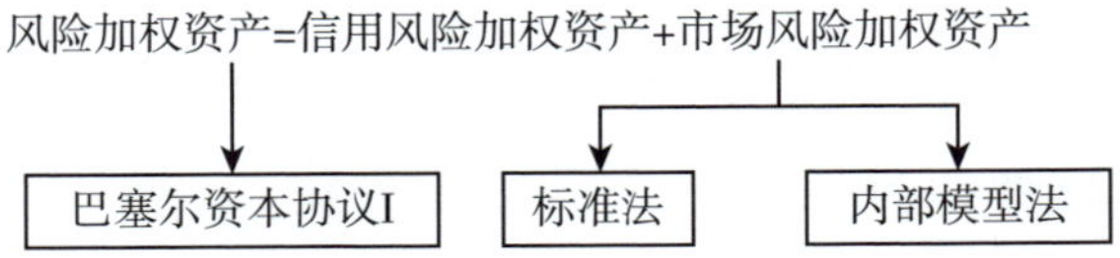

图 5－1　巴塞尔资本协议 I 修订后风险加权资产

资料来源：根据巴塞尔委员会网站公布信息整理

总体来看，《巴塞尔资本协议 I》和《巴塞尔资本协议市场风险修正案》初步建立了国际银行统一的资本监管标准。其涵盖的风险主要是信用风险和市场风险，风险权重设置较为简洁，风险计量的精细度和敏感度有待提升。

二、《巴塞尔资本协议Ⅱ》

2004 年 6 月，巴塞尔委员会发布《统一资本衡量和资本标准的国际协议：修订框架》(International Convergence of Capital Measurement and Capital Standards：A Revised Framework)（通常称为《巴塞尔资本协议Ⅱ》)，建立了有效资本监管的三支柱体系。

第一支柱是最低资本要求，即资本充足率不低于 8%，二级资本限定在一级资本的 100% 以内。

$$\frac{(\text{一级资本}+\text{二级资本}+\text{三级资本})-\text{资本扣除项}}{\text{风险加权资产}}=\text{资本充足率}$$

《巴塞尔资本协议Ⅱ》将资本分为一级资本、二级资本和三级资本。其中，新增的三级资本主要为可以覆盖市场风险的短期次级债务。《巴塞尔资本协议Ⅱ》涵盖的风险包括信用风险、市场风险和操作风险，并提出了更精细的风险计量方法。信用风险的计量可采用标准法、初级内部评级法和高级内部评级法，市场风险的计量可采用标准法和内部模型法，操作风险的计量可采用基本指标法、标准法和高级计量法（见图5－2）。

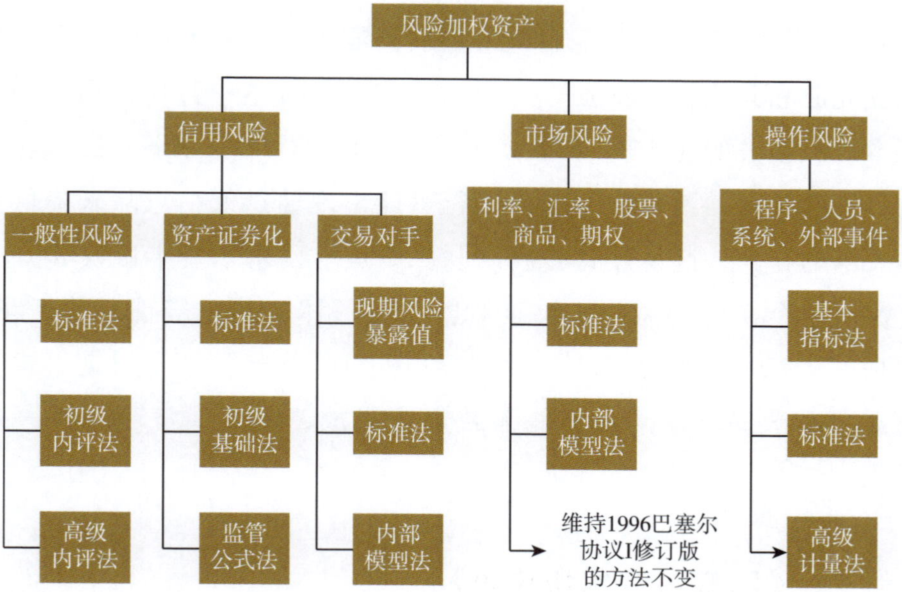

图5－2　《巴塞尔资本协议Ⅱ》资本充足率计算方式

资料来源：根据巴塞尔委员会网站公布信息整理

第二支柱是监管部门的监督检查。《巴塞尔资本协议Ⅱ》明确了监管部门开展监督检查的主要原则、风险管理指引、监督透明度和问责制度，以确保银行具备充足并且可应对各类风险的资本。监督检查的重点集中于银行使用的高级计量方法（如信用风险高级内部评级法、市场风险内部模型法和操作风险高级计量法）是否满足最低资本标准和披露要求。《巴塞尔资本协议Ⅱ》鼓励银行开发并使用更加完善的风险监测和管理技术。

第三支柱是信息披露。《巴塞尔资本协议Ⅱ》要求银行对资本、风险暴露、风险评估程序和资本充足率等信息进行披露，并规定了信息披露的频率和范围。依法合规进行信息披露，能够将风险相关信息有效传递至市场，增强信息的可比性，鼓励银行审慎开展业务。

总体来看，《巴塞尔资本协议Ⅱ》建立了较为系统的银行资本监管体系，但仍存在一些问题。一是一级资本中包括非累积优先股和其他创新型资本补充工具，吸收损失能力弱于普通股。随着非累积优先股和其他创新型资本补充工具在一级资本中占比提高，一级资本吸收损失的能力将有所减弱。二是银行对风险计量方法有较大的自主选择权，不排除有部分银行可能出现通过低估风险来降低资本要求的行为，产生监管套利问题。三是《巴塞尔资本协议Ⅱ》主要反映单个银行的风险，缺乏对整个银行体系的系统性风险考量。四是《巴塞尔资本协议Ⅱ》具有顺周期性。在经济下行时期，银行的资本要求提高，银行可能缩减资产投放，造成经济环境进一步恶化。

三、《巴塞尔资本协议Ⅲ》

2010 年 12 月，巴塞尔委员会发布《更具稳健性的银行和银行体系的全球监管框架》（A Global Regulatory Framework for More Resilient Banks and Banking Systems）和《流动性风险计量、标准和监测的国际框架》（International Framework for Liquidity Risk Measurement, Standards and Monitoring）（通常称为《巴塞尔资本协议Ⅲ》），进一步加强《巴塞尔资本协议Ⅱ》确立的三大支柱，并扩展到多个领域。

一是对监管资本的质量和数量提出更严格的要求。规定资本定义和标准，将一级资本分为核心一级资本和其他一级资本。设置额外的储备超额资本要求和逆周期超额资本要求。对系统重要性银行增加附加资本要求（见图 5－3、表 5－1）。

$$\frac{\text{核心一级资本}+\text{其他一级资本}+\text{二级资本}}{\text{风险加权资产}}=\text{资本充足率}$$

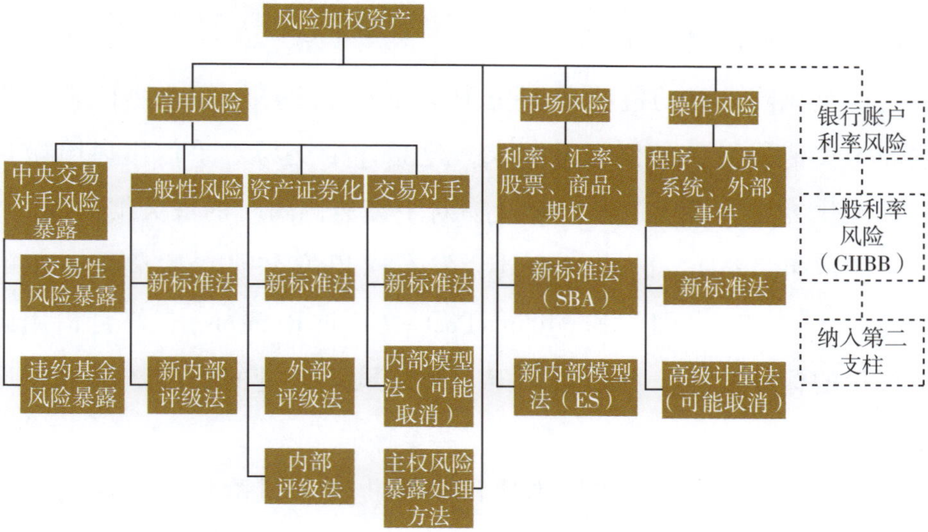

图 5－3　《巴塞尔资本协议Ⅲ》资本充足率计算方式

资料来源：根据巴塞尔委员会官网资料整理

表 5－1　《巴塞尔资本协议Ⅲ》资本充足率要求　（单位：%）

	核心一级资本	一级资本	总资本
最低资本要求	4.5	6.0	8.0
储备超额资本	2.5	—	—
逆周期超额资本要求	0～2.5	—	—
系统重要性银行附加资本要求	1～3.5	—	—

资料来源：根据巴塞尔委员会网站公布信息整理

二是设立杠杆比率要求。一级资本最低杠杆比率为3%。

$$杠杆比率 = \frac{一级资本净额}{调整后的表内外资产余额}$$

三是增加流动性要求。设置最低流动性覆盖率（Liquidity Covered Ratio，LCR）和净稳定资金比率（Net Stable Funding Ratio，NSFR）两项指标。流动性覆盖率为合格优质的流动性资产占压力期内（通常为30天）现金净流出量的比例，用于衡量银行是否拥有足够的资金。净稳定资金比率为可用稳定资金与所需资金的比例，用于解决资产负债表期限错配问题。

四是风险计量的覆盖范围更加全面。《巴塞尔资本协议Ⅲ》设置非中央清算衍生品保证金要求，建立计量交易对手信用风险敞口的标准化方法，以限制银行在交易对手突然倒闭时的最大损失等。

2017 年 12 月，巴塞尔委员会发布《巴塞尔Ⅲ：后危机改革的最终方案》（Basel Ⅲ：Finalising Post – Crisis Reforms），修订信用风险计量的标准法、信用估值框架、操作风险计量的标准法和杠杆比率等标准。

总体来看，《巴塞尔资本协议Ⅲ》提升了风险计量方法的稳健性和敏感性，加强了风险加权资产计算的可信度并规范资本计量的底线要求，为银行业稳健运行提供了管理基础。

第二节　我国银行资本管理体系的发展

20 世纪 90 年代，我国银行业体制机制改革逐步深化、对外开放程度不断提升，建立健全审慎的资本监管体系成为银行业稳健发展的客观需求。1994 年，中国人民银行发布《关于对商业银行实行资产负债比例管理的通知》（银发〔1994〕38 号，已废止），初步确立银行资本管理指标。2012 年，原银监会发布《商业银行资本管理办法（试行）》（银监会令〔2012〕1 号），建立较为完善的银行资本管理体系。2023 年，原银保监会和中国人民银行启动《商业银行资本管理办法（试行）》（银监会令〔2012〕1 号）修订工作，修订后的《商业银行资本管理办法》拟于 2024 年 1 月 1 日起正式实施。

一、我国银行资本管理体系起步探索

1992 年，党的十四大提出“中国经济体制的改革目标是建立社会主义市场经济体制”。1993 年 12 月，国务院颁布《关于金融体制改革的决定》(国发〔1993〕91 号)，建立政策性金融与商业性金融分离，以国有商业银行为主体、多种金融机构并存的金融组织体系。为了适应新的金融管理体制，提升商业银行发展能力，1994 年 2 月，中国人民银行发布《关于对商业银行实行资产负债比例管理的通知》(银发〔1994〕38 号，已废止)，参考《巴塞尔资本协议Ⅰ》，规定银行资本总额与风险加权资产总额的比例不得低于 8%，其中核心资本不得低于 4%，附属资本不得超过核心资本的 100%。核心资本包括实收资本、资本公积、盈余公积和未分配利润；附属资本包括贷款呆账准备。按资产的风险程度设定 5 类风险权重，分别为 0、10%、20%、50%、100%。1995 年 7 月颁布实施的《中华人民共和国商业银行法》进一步明确商业银行资本充足率不得低于 8%。1996 年，中国人民银行发布《关于印发商业银行资产负债比例管理指标》(银发〔1996〕450 号，已废止)，对资本充足率的具体计算方式进行调整，该指标一直沿用至 2003 年。

这一阶段我国初步建立了银行资本管理指标，但资本管理体系尚未健全。一是附属资本较为单一。根据中国人民银行发布的相关文件，我国商业银行的附属资本仅包括贷款呆账准备，《巴塞尔协议Ⅰ》中可计入附属资本的重估储备、混合资本工具和长期次级债务尚未纳入我国银行资本管理框架。二是风险加权资产的计量标准比国际标准更为宽松。对国有大型企业、非银行金融机构和多种风险缓释种类给予了优惠风险权重。三是银行业的风险管理和损失吸收机制尚未健全。

二、我国银行资本管理体系初步建立

2004年2月，原银监会发布《商业银行资本充足率管理办法》（银监会令〔2004〕2号，已废止），参照《巴塞尔资本协议Ⅰ》确定资本充足率计算方法和最低资本要求，并借鉴《巴塞尔资本协议Ⅱ》初步建立了以资本充足率监管、监督检查和信息披露为支柱的资本监管体系。主要特点如下：

第一，资本充足率的计量更加全面。一是扩大对资本的界定范围，将重估储备、优先股、可转换债券和长期次级债务纳入附属资本，使资本的定义和范围基本与《巴塞尔资本协议Ⅰ》保持一致。此后，原银监会于2007年7月发布《中国银行业监督管理委员会关于修改〈商业银行资本充足率管理办法〉的决定》（银监会令〔2007〕11号，已废止），将混合资本工具也纳入附属资本。二是风险计量更加审慎。资产风险权重减少至0、20%、50%、100%四档，取消对国有大型企业、非银行金融机构的优惠风险权重，减少给予优惠风险权重的风险缓释种类，对境外债权风险权数采用外部评级方法。三是扩大风险监管覆盖范围。将市场风险纳入资本管理要求，要求交易账户总头寸高于表内外总资产的10%或超过85亿元人民币的银行对市场风险计提资本，可采用标准法计量或经审批后使用内部模型法计量。

第二，实施分类管理，建立约束与激励相平衡的资本监督检查机制。银行承担资本充足率管理的最终责任，负责确定资本充足率管理目标、审定风险承受能力、制定并监督实施资本规划。原银监会对商业银行资本充足率开展现场检查和非现场监管，根据资本充足率水平将银行分为资本充足、资本不足和资本严重不足三类，分别采取相应的监管措施，并且可以要求单个银行提高最低资本充足率水平。《商业银行资本充足率管理办法》（银监会令〔2004〕2号，已废止）对监督检查的规定基本落实了《巴塞尔资本协议Ⅱ》的监管原则，但风险评估的覆盖范围仅限于信用风险和市场风险，尚未覆盖其他风险。

第三，建立信息披露制度。信息披露主要包括风险管理目标和政策、并表范围、资本、资本充足率、信用风险和市场风险等方面的信息披露。与《巴塞尔资本协议Ⅱ》相比，当时我国银行信息披露制度在披露的广度和深度仍存在一定差距。

2007年2月，原银监会发布《中国银行业实施新资本协议指导意见》（银监发〔2007〕24号），要求按照分类实施、分类推进、分步达标的原则推进实施《巴塞尔资本协议Ⅱ》，借鉴先进风险管理理念和方法，促使商业银行改进风险计量方法，健全风险管理组织体系，全面提升风险管理能力。完善商业银行资本管理制度，提高银行监管有效性，促进银行体系稳健运行和可持续发展。自2010年末起，在其他国家或地区（含中国香港和澳门等地区）设有业务活跃的经营性机构、国际业务占相当比重的大型商业银行开始实施《巴塞尔资本协议Ⅱ》。随后原银监会又发布一系列推动我国银行资本监管与《巴塞尔资本协议Ⅱ》进一步接轨的监管指引。

三、资本监管体系健全完善阶段

为落实《中华人民共和国国民经济和社会发展第十二个五年规划纲要（2011—2015年）》提出的“参与国际金融准则新一轮修订，完善我国金融业稳健标准”工作要求，原银监会于2011年4月发布《关于中国银行业实施新监管标准的指导意见》（银监发〔2011〕44号），要求基于我国银行业改革发展实际，借鉴《巴塞尔资本协议Ⅲ》建立宏观审慎监管和微观审慎监管有机结合、监管标准统一性和监管实践灵活性相结合、支持经济持续增长和维护银行体系稳健统筹兼顾的审慎资本监管制度。通过提高银行业审慎监管标准、增强系统重要性银行监管有效性、深入推动新资本协议实施工作等措施，增强银行体系稳健性和我国银行的国际竞争力。

2012 年 6 月，原银监会发布《商业银行资本管理办法（试行）》（银监会令〔2012〕1 号），建立起与《巴塞尔资本协议Ⅲ》基本一致的审慎资本管理体系。主要特点如下：

第一，严格“资本”定义，提高资本吸收损失的能力。《商业银行资本管理办法（试行）》（银监会令〔2012〕1 号）将监管资本从两级分类（一级资本和二级资本）调整为三级分类（核心一级资本、其他一级资本和二级资本）。严格执行对核心一级资本的扣除规定，提升资本工具吸收损失能力。

第二，优化风险加权资产计算方法，扩大资本覆盖的风险范围。商业银行可以采用权重法或内部评级法计量信用风险加权资产，采用标准法或内部模型法计量市场风险加权资产。同时，《商业银行资本管理办法（试行）》（银监会令〔2012〕1 号）将操作风险纳入风险资本计提范围，用标准法或高级计量法计量操作风险资本要求，操作风险加权资产为操作风险资本要求的 12.5 倍。

第三，提高资本充足率监管要求。一是明确三个最低资本充足率要求，即核心一级资本充足率、一级资本充足率和资本充足率分别不低于 5%、6% 和 8%。二是引入逆周期资本监管要求，即储备资本要求为风险加权资产的 2.5%，逆周期资本要求为风险加权资产的 0～2.5%。储备资本和逆周期资本均由核心一级资本满足。三是增加系统重要性银行的附加资本要求，国内系统重要性银行附加资本要求为风险加权资产的 1%，由核心一级资本满足。若国内银行被认定为全球系统重要性银行则所适用的附加资本要求不得低于巴塞尔委员会的规定。

《商业银行资本管理办法（试行）》（银监会令〔2012〕1号）实施后，系统重要性银行和非系统重要性银行的资本充足率分别不低于11.5%和10.5%；若出现系统性的信贷过快增长，商业银行需计提逆周期超额资本。

$$\frac{\text{总资本}-\text{对应资本扣减项}}{\text{风险加权资产}}=\text{资本充足率}$$

$$\frac{\text{一级资本}-\text{对应资本扣减项}}{\text{风险加权资产}}=\text{一级资本充足率}$$

$$\frac{\text{核心一级资本}-\text{对应资本扣减项}}{\text{风险加权资产}}=\text{核心一级资本充足率}$$

第四，完善全面资本管理体系。一是建立银行内部资本充足评估程序。商业银行要建立完善的风险管理框架和稳健的内部资本充足评估程序，明确风险治理结构，审慎评估各类风险、资本充足水平和资本质量，制订资本规划和资本充足率管理计划，确保银行资本能够充分抵御其所面临的风险，满足业务发展的需要。二是提升监督检查的广度和深度。原银监会对商业银行实施资本充足状况相关监督检查。根据商业银行资本充足状况，将商业银行分为四类，实施分类监管。三是完善信息披露要求。《商业银行资本管理办法（试行）》（银监会令〔2012〕1号）增加了对风险计量方法等方面的信息披露要求。

第三节　我国商业银行发行资本补充工具的监管政策

近年来，监管部门出台多项政策，支持商业银行拓展资本补充渠道、降低资本风险和提升资本实力。目前，我国已基本建立契合商业银行发展需要的资本补充工具体系。

一、商业银行核心一级资本补充工具相关监管政策

商业银行补充核心一级资本的渠道主要包括：首次公开发行股票并上市（IPO）、向不特定对象公开增发募集股份、向原股东配售股份、非公开发行股票和发行可转换公司债券等。商业银行发行核心一级资本补充工具主要依据我国相关法律法规、证监会印发的监管政策和证券交易所相关股权融资类规定，包括但不限于：《中华人民共和国证券法》（中华人民共和国主席令第 37 号）、《上市公司发行证券管理办法（2020 年修正）》（中国证券监督管理委员会令第 163 号）、《发行监管问答——关于引导规范上市公司融资行为的监管要求》《可转换公司债券管理办法》（中国证券监督管理委员会令第 178 号）等。

二、商业银行其他一级资本补充工具相关监管政策

商业银行补充其他一级资本的渠道包括发行优先股和无固定期限资本债券。

目前，商业银行发行优先股相关的监督管理政策主要包括：《中华人民共和国公司法》（中华人民共和国主席令第 15 号）、《中华人民共和国证券法》（中华人民共和国主席令第 37 号）、《公开发行证券的公司信息披露内容与格式准则第 33 号——发行优先股预案和发行情况报告书》（中国证券监督管理委员会公告〔2014〕13 号）、《关于修改〈上市公司证券发行管理办法〉的决定》（中国证券监督管理委员会令第 163 号）、《证券发行与承销管理办法》（中国证券

监督管理委员会令第 208 号）和《上市公司非公开发行股票实施细则》（中国证券监督管理委员会公告〔2020〕11 号）等。

目前，商业银行发行无固定期限资本债券的监督管理政策主要包括：《中华人民共和国商业银行法》（中华人民共和国主席令第 34 号）、《全国银行间债券市场债券交易管理办法》（中国人民银行令〔2000〕第 2 号）、《全国银行间债券市场金融债券发行管理办法》（中国人民银行令〔2005〕第 1 号）、《银行间债券市场债券登记托管结算管理办法》（中国人民银行令〔2009〕第 1 号）、《全国银行间债券市场金融债券发行管理操作规程》（中国人民银行令〔2009〕第 6 号）、《全国银行间债券市场金融债券信息披露操作细则》（中汇交发〔2009〕254 号）、《商业银行资本管理办法（试行）》（银监会令〔2012〕1 号）、《关于调整银行间债券市场债券交易流通有关管理政策的公告》（中国人民银行公告〔2015〕第 9 号）、《关于印发行政许可事项申请材料目录及格式要求的通知》（银监办发〔2015〕118 号）、《中资商业银行行政许可事项实施办法》（银监会令〔2017〕1 号）、《银行业金融机构发行资本补充债券有关事宜》（中国人民银行公告〔2018〕第 3 号）、《关于商业银行资本工具创新的指导意见（修订）》（银保监发〔2019〕42 号）等（见表 5－2）。

表 5－2　商业银行无固定期限资本债券法律法规梳理

日期	法规	推出意义
2018 年 1 月 18 日	《关于进一步支持商业银行资本工具创新的意见》（银监发〔2018〕5 号）	为商业银行发行无固定期限资本债券、转股型二级资本债券、含定期转股条款资本债券和总损失吸收能力债务工具等资本工具创造有利条件
2018 年 2 月 28 日	《银行业金融机构发行资本补充债券有关事宜》（中国人民银行公告〔2018〕第 3 号）	鼓励银行业金融机构发行具有创新损失吸收机制或触发事件的新型资本补充债券

续表

日期	法规	推出意义
2019年1月24日	中国人民银行决定创设央行票据互换工具为银行发行无固定期限资本债券提供流动性支持	银行无固定期限资本债券可作为优质抵押品，提高了银行无固定期限资本债券的市场流动性，增强投资者认购意愿
2019年1月25日	《关于保险资金投资银行资本补充债券有关事项的通知》（银保监发〔2019〕7号）	开放保险资金投资符合条件的银行发行的无固定期限资本债券，扩大了银行无固定期限资本债券投资者群体
2019年4月1日	《关于无固定期限资本债券企业所得税政策问题的公告》（财政部 税务总局公告〔2019〕第64号）	进一步明确无固定期限资本债券的会计处理，银行无固定期限资本债券会计处理政策落地，银行无固定期限资本债券在本金计入权益同时，可实现发行人端利息税前扣除
2019年11月29日	《关于商业银行资本工具创新的指导意见（修订）》（银保监发〔2019〕42号）	明确各类资本工具的损失吸收顺序，进一步完善资本工具损失吸收机制
2020年5月20日	《关于保险资金投资银行资本补充债券有关事项的通知》（银保监发〔2020〕17号）	开放保险资金投资中小银行无固定期限资本债券，进一步支持中小银行发行无固定期限资本债券

资料来源：根据公开资料整理

三、商业银行二级资本补充工具相关监管政策

目前，商业银行发行二级资本债券的监管政策主要包括：《中华人民共和国商业银行法》（中华人民共和国主席令第34号）、《全国银行间债券市场债券交易管理办法》（中国人民银行令〔2000〕第2号）、《商业银行次级债券发行管理办法》（人民银行、银监会公告〔2004〕第4号）、《全国银行间债券市场金融债券发行管理办法》（中国人民银行令〔2005〕第1号）、《全国银行间债券市场金融债

券发行管理操作规程》（中国人民银行令〔2009〕第6号）、《银行间债券市场债券登记托管结算管理办法》（中国人民银行令〔2009〕第1号）、《全国银行间债券市场金融债券信息披露操作细则》（中汇交发〔2009〕254号）、《商业银行资本管理办法（试行）》（银监会令〔2012〕1号）、《关于调整银行间债券市场债券交易流通有关管理政策的公告》（中国人民银行公告〔2015〕第9号）、《关于印发行政许可事项申请材料目录及格式要求的通知》（银监办发〔2015〕118号）、《中资商业银行行政许可事项实施办法》（银监会令〔2017〕1号）、《银行业金融机构发行资本补充债券有关事宜》（中国人民银行公告〔2018〕第3号）、《关于商业银行资本工具创新的指导意见（修订）》（银保监发〔2019〕42号）等。

第四节　商业银行发行资本补充工具的业务实践

目前，我国境内商业银行可运用首次公开发行股票并上市（IPO）、向不特定对象公开增发募集股份、向原股东配售股份、非公开发行股票和发行可转换公司债券等工具补充核心一级资本，运用优先股、无固定期限资本债券补充其他一级资本，运用二级资本债券补充二级资本。

一、商业银行补充核心一级资本情况

（一）商业银行采用发行股票上市方式补充核心一级资本

首次公开发行股票并上市（IPO）对于发行人的资本规模、盈

利水平等方面的要求标准较高，获准发行股票并上市的企业多为具有较大资本规模和稳定盈利能力的成熟企业。目前，首次公开发行股票并上市已成为我国境内大型银行、股份制银行、部分城市商业银行和农村商业银行进行股权融资的主要工具。

1991 年，平安银行成为境内首家 A 股上市银行，募集资金 0.14 亿元。截至 2022 年末，共有 42 家银行完成 A 股上市，累计募集资金 4 436.89 亿元（见图 5 -4）。

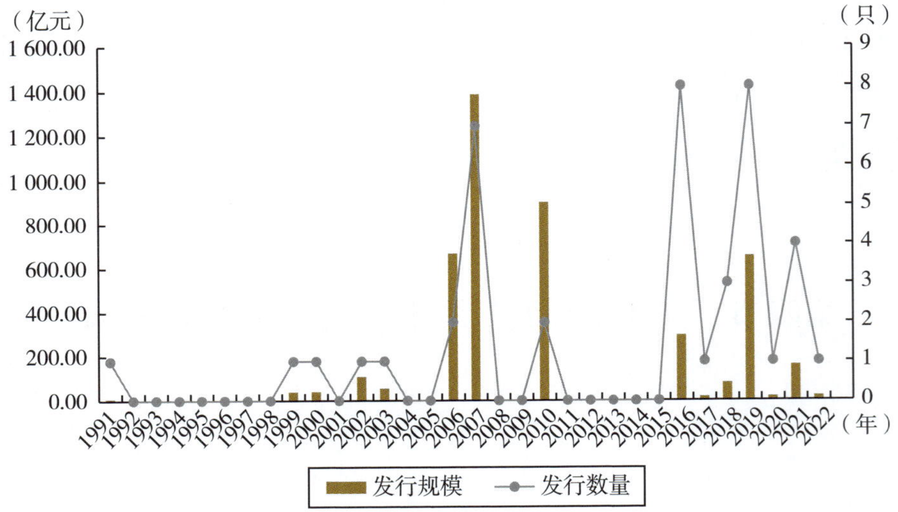

图 5 -4　银行 A 股首次公开发行股票并上市（IPO）规模和只数

资料来源：Wind

首次公开发行股票并上市（IPO）是银行补充核心一级资本的重要渠道之一。截至 2022 年末，银行首次公开发行股票并上市（IPO）的存续融资规模占全部银行风险加权资产的比例为 0.23%（见图 5 -5）。

（二）商业银行采用增发股份方式补充核心一级资本

《上市公司证券发行管理办法》（中国证券监督管理委员会令第

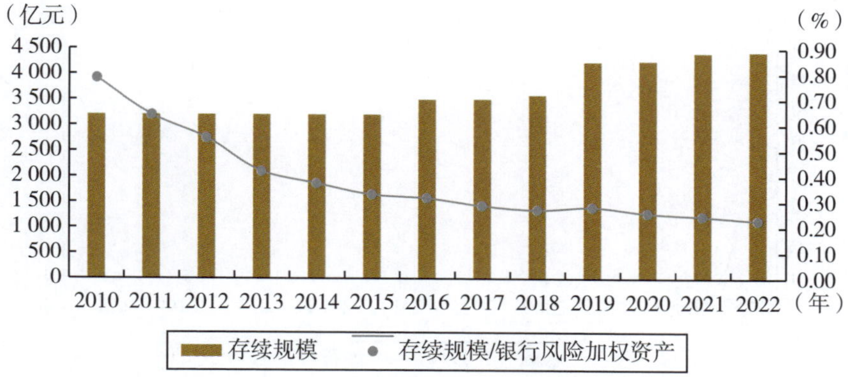

图 5－5　银行 A 股首次公开发行股票并上市（IPO）的存续规模占年末银行风险加权资产比例

资料来源：Wind

163 号）规定，增发的发行价格应不低于公告招股意向书前 20 个交易日公司股票均价或前 1 个交易日的均价。由于按照市场价格发行，向不特定对象公开增发募集股份对投资者吸引力有限，发行难度较高，因此目前我国境内商业银行较少采用增发股份方式补充核心一级资本。

截至 2022 年末，在我国境内商业银行中，仅浦发银行于 2003 年和 2006 年通过增发股份方式补充核心一级资本，分别募集资金 25.35 亿元和 60 亿元（见图 5－6）。

（三）商业银行采用配售股份方式补充核心一级资本

《上市公司证券发行管理办法》（中国证券监督管理委员会令第 163 号）规定，配股的股份数量以配售前股本总额的 30% 为上限，且原股东认购股票的数量需达到拟配售数量的 70% 以上。1993 年，平安银行完成我国境内商业银行的首单 A 股配股，募集资金 3.23 亿元。截至 2022 年末，我国境内共有 12 家银行完成 13 次配股，累计募集资金 2 132.10 亿元（见图 5－7）。

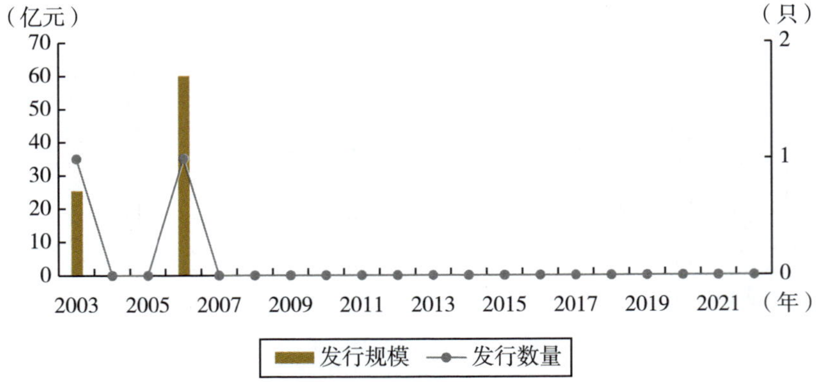

图 5-6　银行 A 股增发股份规模和次数

资料来源：Wind

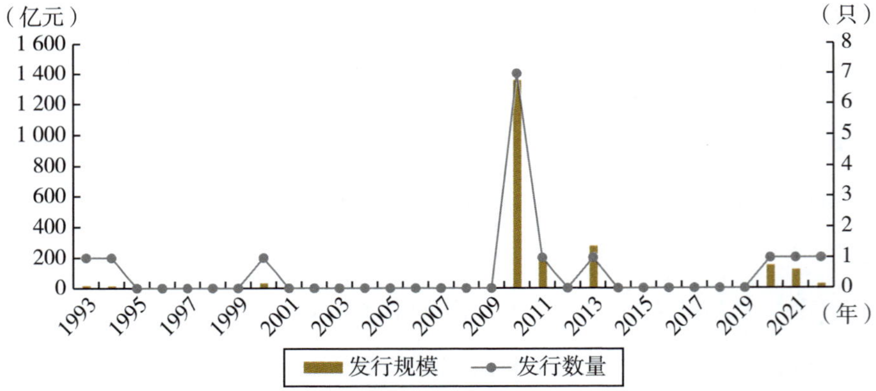

图 5-7　银行 A 股配股规模和数量

资料来源：Wind

一般情况下，由于银行股价普遍偏低，向原股东配售股份的价格折让空间相对较小，股东认购意愿相对较低，因此我国商业银行较少采用配股方式补充核心一级资本，其存续融资规模占全部银行风险加权资产的比例逐年下降。截至 2022 年末，银行配股的存续融资规模占全部银行风险加权资产的比例已降至 0.11%（见图 5-8）。

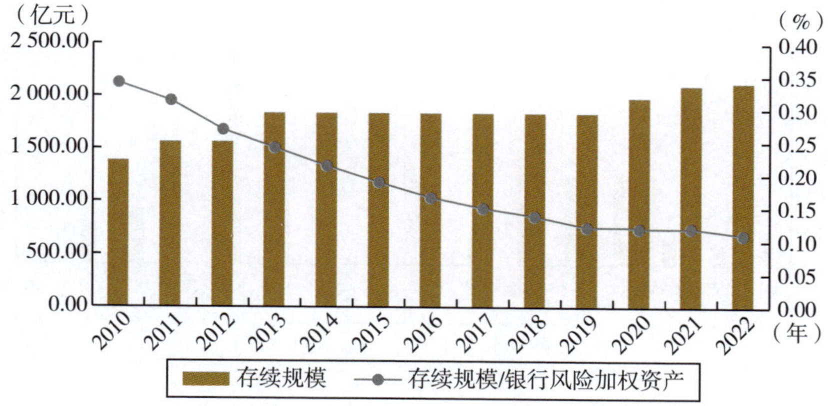

图 5-8　银行 A 股配股存续规模及其占年末银行风险加权资产的比例

资料来源：Wind

（四）商业银行采用非公开发行方式补充核心一级资本

非公开发行是指上市公司采用非公开方式，向特定对象发行股票的再融资方式。证监会网站公布的《发行监管问答——关于引导规范上市公司融资行为的监管要求》明确，非公开发行规模不得超过发行前总股本的 30%。《上市公司证券发行管理办法》（中国证券监督管理委员会令第 163 号）要求，发行价格为定价基准日前 20 个交易日股票均价的 80%。非公开发行方式涉及的单次发行规模较大，单个投资者认购比例较高，通常需要大股东的支持。

2007 年，民生银行完成境内商业银行的首单 A 股非公开发行，募集资金 181.60 亿元。截至 2022 年末，共有 17 家银行完成 31 次 A 股非公开发行，累计募集资金 5 466.80 亿元（见图 5-9）。

非公开发行是上市商业银行补充核心一级资本的重要渠道之一。截至 2022 年末，银行非公开发行的存续融资规模占全部银行风险加权资产的比例为 0.28%（见图 5-10）。

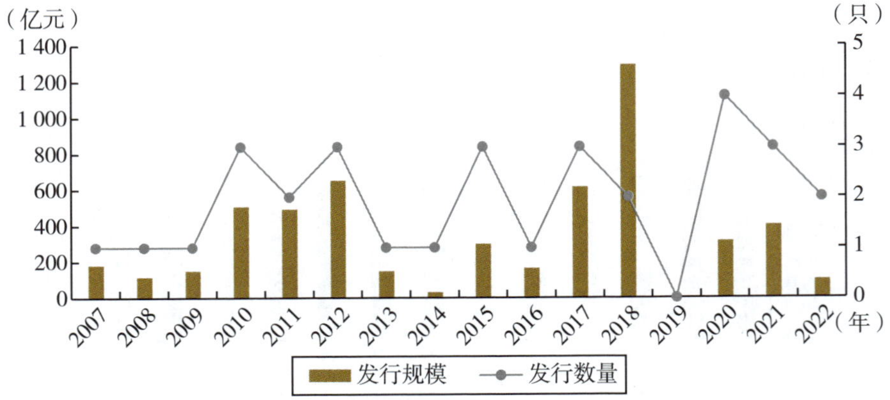

图 5-9　银行 A 股非公开发行规模和数量

资料来源：Wind

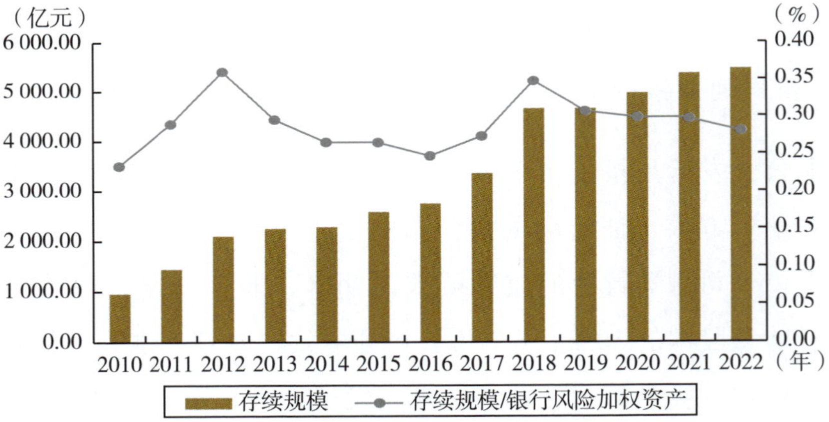

图 5-10　商业银行 A 股非公开发行存续规模及其占年末银行风险加权资产的比例

资料来源：Wind

（五）商业银行采用发行可转换公司债券方式补充核心一级资本

发行可转换公司债券，是指发行公司依法发行、在一定期间内依据约定条件可以转换成股份的公司债券。根据《上市公司证券发行管理办法》（中国证券监督管理委员会令第 163 号），可转债发行后累计公司债券余额不超过最近一期末净资产额的 40%。银行可转换公司债券通常于发行后 2 ~3 年完成转股，用于补充其核心一级资本。

2003 年，民生银行完成首支 A 股可转换公司债券发行，募集资金 40 亿元。截至 2022 年末，共有 26 家银行发行 27 只 A 股发行可转换公司债券，累计募集资金 4 390 亿元（见图 5 – 11）。

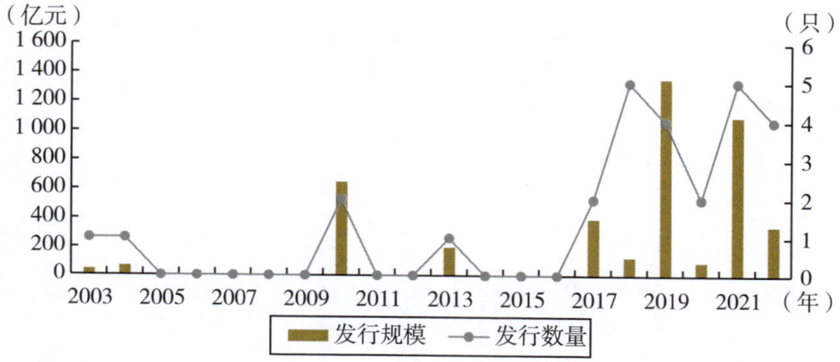

图 5 – 11 银行 A 股可转债发行规模和数量

资料来源：Wind

发行可转换公司债券具有发行难度较低、利率较低等优点，但是也面临发行效率相对较低、转股实施时间不确定、可转换公司债券转股与银行的股票价格关联度高等挑战。

二、商业银行补充其他一级资本工具的情况

（一）商业银行采用优先股方式补充其他一级资本

优先股是在一般规定的普通种类股份之外，另行规定的其他种类股份，其股份持有人优先于普通股股东分配公司利润和剩余财产，但参与公司决策管理等权利受到限制。

2014 年 10 月，农业银行完成境内首单商业银行优先股发行，募集资金 400 亿元。2014 年至 2019 年，优先股成为我国境内商业银行

补充其他一级资本的主要工具。但是基于优先股发行主体的门槛较高、仅上市公司和非上市公众公司可发行优先股、非上市的银行无法通过优先股补充其他一级资金的实际情况，截至2022年末，共有21家银行发行34只境内优先股，累计募集资金8 371.5亿元。其中，5家大型银行共发行10只优先股，累计募集资金4 600亿元，占全部银行发行优先股募集资金的54.95%（见图5-12）。

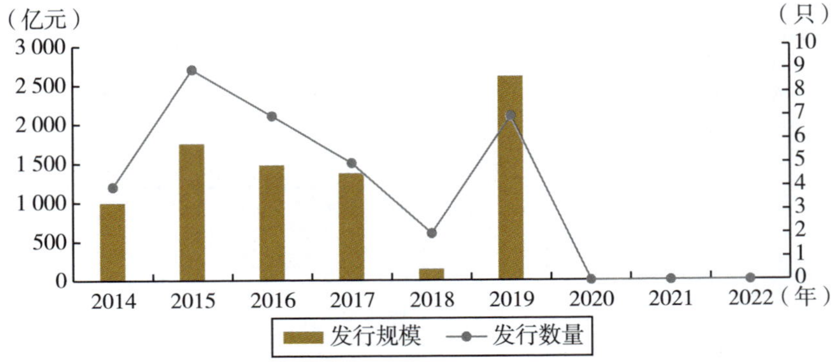

图5-12 银行境内优先股发行规模和数量

资料来源：Wind

截至2022年末，我国境内银行优先股的存续规模为8 051.5亿元，占全部银行风险加权资产的比例为0.41%（见图5-13）。

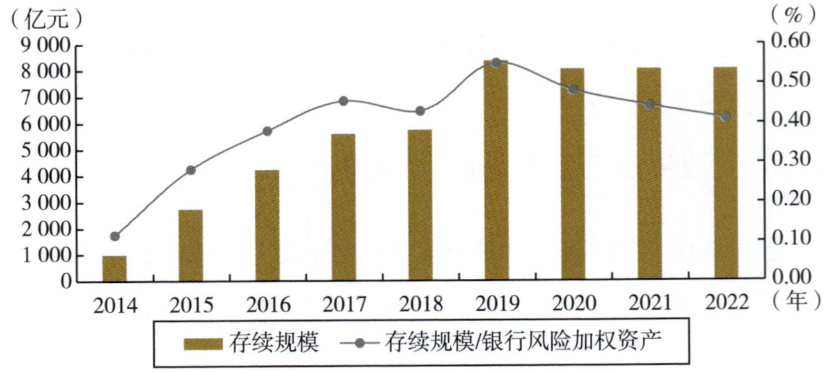

图5-13 银行境内优先股存续规模及其占年末银行风险加权资产的比例

资料来源：Wind

（二）商业银行采用无固定期限资本债券方式补充其他一级资本

2018 年 3 月，原银监会、中国人民银行、中国证监会、原保监会和国家外汇局联合发布《关于进一步支持商业银行资本工具创新的意见》（银监发〔2018〕5 号），允许商业银行发行和交易无固定期限资本债券，支持商业银行拓宽资本补充渠道、增强银行体系稳健性和提高银行支持实体经济能力。无固定期限资本债券的发行流程简洁、发行成本具有一定优势，是商业银行重要的其他一级资本补充工具。2019 年至今，监管部门先后出台关于税收处理、保险投资者引入、二级市场流动性改善等配套政策支持无固定期限资本债券的发展。

2019 年，中国银行发行我国境内首支无固定期限资本债券，募集资金 400 亿元。截至 2022 年末，共有 93 家银行发行 167 只无固定期限资本债券，累计募集资金 20 849 亿元（见图 5－14）。其中，5 家大型银行共发行 24 只无固定期限资本债券，累计募集资金 10 515 亿元，占全部银行发行无固定期限资本债券募集资金的 50.43%（见图 5－15）。截至 2022 年末，银行无固定期限资本债券占全部银行风险加权资产的比例为 1.07%。

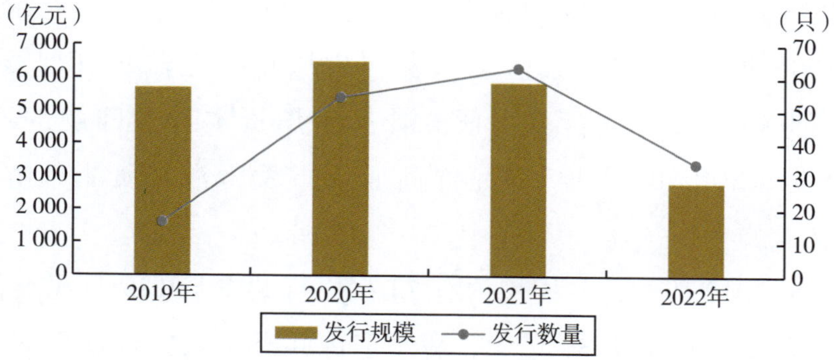

图 5－14　银行无固定期限资本债券发行规模和数量

资料来源：Wind

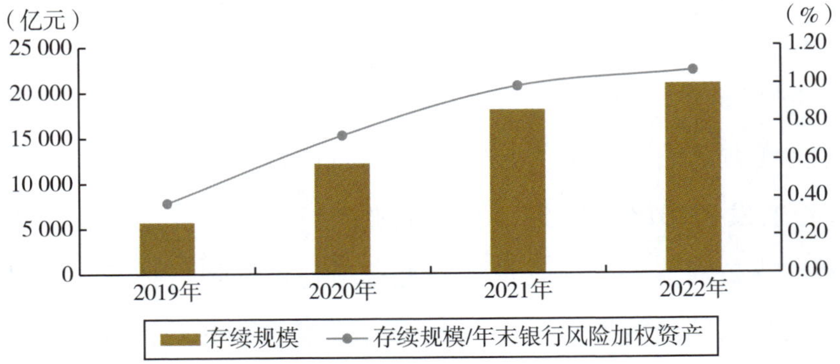

图 5－15　银行无固定期限资本债券存续规模及其占年末银行风险加权资产比例

资料来源：Wind

三、商业银行补充二级资本工具的情况

（一）商业银行采用旧式[①]二级资本工具方式补充二级资本的历史情况

2003 年 12 月，原银监会出台《关于将次级定期债务计入附属资本的通知》（银监发〔2003〕25 号），明确我国境内商业银行可以通过发行次级定期债务（主要是次级债券）补充附属资本。2005 年 12 月，原银监会印发《中国银行业监督管理委员会关于商业银行发行混合资本债券补充附属资本有关问题的通知》（银监发〔2005〕79 号），允许商业银行发行混合资本债券补充附属资本。

截至 2012 年末，我国境内有 73 家银行共发行 185 只次级债券，累计募集资金 11 717.30 亿元；我国境内共有 5 家银行发行 11 只混

① 此处旧式二级资本工具，是指《关于商业银行资本工具创新的指导意见》（银监发〔2012〕56 号）发布前银行发行的二级资本工具。

合资本债券，累计募集资金 231 亿元。

（二）商业银行采用二级资本债券方式补充二级资本情况

2012 年 12 月，原银监会发布《关于商业银行资本工具创新的指导意见》（银监发〔2012〕56 号），将二级资本债券纳入我国境内商业银行资本补充工具范围，明确二级资本工具损失吸收的触发事件和吸收机制。

2013 年，天津滨海农村商业银行发行我国境内首支二级资本债券，募集资金 15 亿元。截至 2022 年末，我国境内共有 319 家银行发行 713 只二级债券，累计募集资金 44 528.25 亿元。

近年来，二级资本债券已逐步成为我国境内银行重要的二级资本补充工具（见图 5－16）。截至 2022 年末，银行二级资本债券存续余额占全部银行风险加权资产的比例为 1.63%（见图 5－17）。

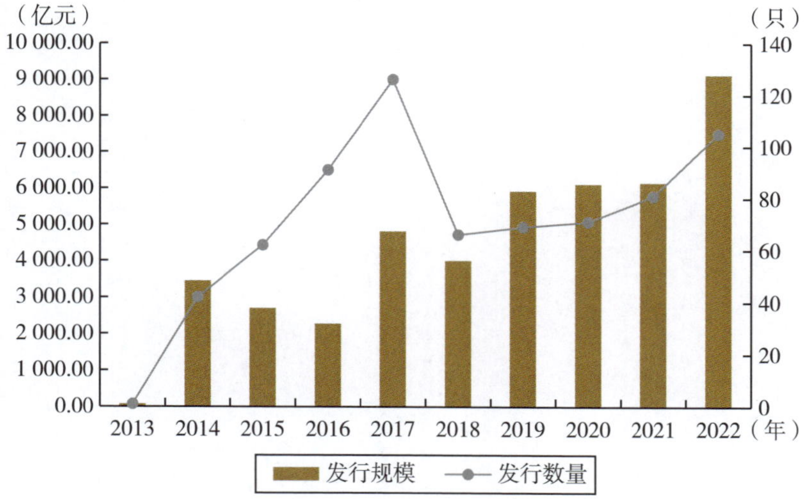

图 5－16　银行二级资本债券发行规模和数量

资料来源：Wind

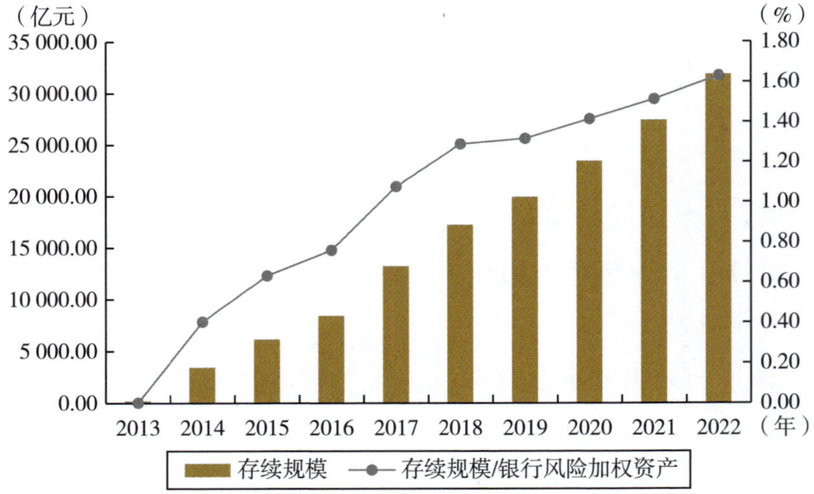

图 5-17　银行二级资本债券存续规模及其占年末银行风险加权资产的比例

资料来源：Wind

第六章 境外保险公司偿付能力管理和发行资本补充工具实践

为保障保险业安全有效运行，全球保险监管部门不断优化偿付能力管理体系，建立各有特色的资本补充机制。观察分析各国保险公司偿付能力管理体系和资本补充机制，对于完善我国偿付能力监管框架、丰富资本补充工具相关政策具有积极的参考意义。

第一节　全球保险公司偿付能力管理简要介绍

全球保险公司偿付能力管理体系按照资本计算方法可主要分为两类：一是以风险资本计量为基础的保险公司偿付能力管理体系。全球多数国家和地区采用此类管理体系，例如中国内地、美国、欧盟、日本、澳大利亚、加拿大等；二是以欧盟保险公司偿付能力监管标准Ⅰ因子模型（Solvency Ⅰ Factor - Based Model）为基础的保险公司偿付能力管理体系，例如中国香港、印度、越南、文莱等。

20世纪80年代末至90年代初，美国出现一系列保险公司破产或清算事件，美国保险监督官协会（National Association of Insurance Commissioners，NAIC）开始实施资本管理制度改革，实行以风险资本计量为基础的保险公司偿付能力管理体系。1999 年，欧盟实施保险公司偿付能力管理体系改革，并于 2004 年开始实施保险公司偿付能力监管标准Ⅰ（Solvency Ⅰ）。2013 年，国际保险监督官协会（International Association of Insurance Supervisors，IAIS）启动制定以风险资本计量为基础的保险资本标准（Insurance Capital Standard，ICS）相关工作，逐步将全球保险公司纳入统一的偿付能力管理体系。

一、以风险资本计量为基础的保险公司偿付能力管理

以风险资本计量为基础的偿付能力管理要求保险公司根据风险敞口大小持有一定数量的资本。保险公司所需资本规模由各类风险产生的对应资本要求汇总形成，各类风险主要包括：保险风险、信用风险、市场风险、操作风险和集中度风险。金融监管部门设置偿付能力充足率指标，并定期评估保险公司持有的资本是否充足或达标。

（一）中国偿付能力管理的核心指标

目前，中国正在实施第二代偿付能力监管制度。偿付能力充足率的主要指标是核心偿付能力充足率和综合偿付能力充足率。核心偿付能力充足率衡量保险公司高质量资本的充足状况，保险公司核心偿付充足率不得低于 50%。综合偿付能力充足率衡量保险公司资本的总体充足状况，保险公司综合偿付充足率不得低于 100%。

核心偿付能力充足率 = 核心资本/最低资本

综合偿付能力充足率 = 实际资本/最低资本

（二）美国偿付能力管理的核心指标

目前，美国监管部门根据“风险资本监管体系”（Risk - Based

Capital，RBC）开展保险公司偿付能力管理。偿付能力充足率的主要指标是公司行动水平（Company Action Level）风险要求资本比率和授权控制水平（Authorized Control Level）风险要求资本比率。保险公司的公司行动水平风险要求资本比率不低于100%；授权控制水平风险要求资本比率不低于200%。

公司行动水平风险要求资本比率＝调整后总资本/公司行动水平风险要求资本

授权控制水平风险要求资本比率＝调整后总资本/授权控制水平风险要求资本

（三）欧盟偿付能力管理的核心指标

欧盟实施的偿付能力管理体系是“偿付能力标准Ⅱ”（Solvency Ⅱ）。偿付能力充足率的主要指标是偿付能力资本要求（Solvency Capital Requirement，SCR）和最低资本要求（Minimum Capital Requirements，MCR）。偿付能力资本要求是保险公司持续经营的资本要求基本标准，用于保障保险公司面对任何不利事件时仍具备所需资本。最低资本要求是保险公司偿付能力的安全底线，如果保险公司的实际偿付能力低于该水平，监管部门将采取接管等监管措施。

偿付能力资本要求比率＝合格自有资本/偿付能力资本要求

最低资本要求比率＝合格基础资本/最低资本要求

（四）日本偿付能力管理的核心指标

目前，日本金融监管机构根据《保险业法》实施偿付能力管理，已经形成相关偿付能力监管要求和资本标准。日本度量保险偿付能力充足率的主要指标是偿付能力保证金比率。保险公司的最低偿付能力保证金比率设置为200%。

偿付能力保证金比率＝（偿付保证金/风险总额×50%）×100

（五）加拿大偿付能力管理的核心指标

根据加拿大《保险公司法》相关规定，加拿大监管部门主要采用最低持续资本及盈余标准（Minimum Continuing Capital and Surplus Requirement，MCCSR）实施保险公司偿付能力管理，度量保险偿付能力充足率的主要指标是 MCCSR 总比率和 MCCSR 一级比率。根据监管要求，保险公司的 MCCSR 总比率最低为 100%；人身险公司的 MCCSR 总比率最低为 120%。

MCCSR 总比率 = 可用资本总额/基本要求资本

MCCSR 一级比率 = 调整后的净一级资本/基本要求资本

二、以欧盟保险公司偿付能力监管标准 I 因子模型为基础的保险公司偿付能力管理

以欧盟保险公司偿付能力监管标准 I 因子模型为基础的偿付能力管理，要求保险公司根据净保额或保单准备金持有一定数量的资本。监管部门根据业务和产品的差异性细化资本要求。

（一）中国香港保险偿付能力管理

中国香港地区实施资本充足率为基础的偿付能力管理。保险公司必须维持不低于规定偿付能力水平的净资产。综合性保险公司最低资本要求为 2 000 万港元，专属保险公司最低资本要求为 200 万港元，经营一般业务的保险公司（一般业务是指非长期的保险业务，general business）和人寿保险公司最低资本要求为 100 万港元。目前，中国香港地区正在积极探索并向以风险资本计量为基础的偿付能力管理过渡。

（二）印度保险偿付能力管理

目前，印度实施标准化的偿付能力资本监管要求。印度境内所有保险公司无论承担风险大小，偿付能力比率均得不低于150%。保险公司最低资本要求为10亿印度卢比，再保险公司最低资本要求为20亿印度卢比，保险综合经纪商最低资本要求为5 000万印度卢比，保险直接经纪人最低资本要求为750万印度卢比。

第二节　主要国家和地区偿付能力管理的发展情况

为提高保险行业稳健性和可持续发展能力，全球金融监管部门不断加强保险公司偿付能力评估和监管制度建设，探索适合行业发展需要的偿付能力管理方式。

一、美国保险公司偿付能力管理体系的发展情况

美国保险公司偿付能力管理体系的发展分为以下三个阶段：

（一）第一阶段：19世纪50年代至20世纪90年代初

1850年，美国新罕布什尔州设立首个保险监督管理部门。1850年至1871年，美国多个州建立了各具特色的保险监管部门，并自行制定和实施保险监管规则。20世纪90年代初，美国先后爆发责任保险危机和巨灾保险损失危机。为加强保险公司偿付能力监管，美国保险监督官协会制定了示范法，在美国境内统一保险公司最低资本和盈余监管指标，明确保险公司必须保持100万美元的最低资本和盈余。

（二）第二阶段：1992 年至 2007 年

美国保险监督官协会借鉴银行业巴塞尔资本协议，建立以风险资本为基础的偿付能力管理体系。偿付能力充足率主要采用授权控制水平风险要求资本比率，并设置公司行动、监管行动、授权控制、强制控制四类监管措施。

（三）第三阶段：2008 年至今

2008 年全球金融危机后，美国开始实施偿付能力现代化计划（Solvency Modernization Initiative）。偿付能力现代化计划重新评估原有监管体系中未考虑的特定风险，包括建立清晰的巨灾保险相关风险标准，进一步细化资产和投资风险标准，完善再保险信用风险相关监管标准等，将原有的偿付能力充足率扩展为公司行动水平风险要求资本比率和授权控制水平风险要求资本比率。与此同时，为与欧盟偿付能力标准Ⅱ保持一致，美国保险监督官协会制定了偿付能力现代化指引的七个核心准则，具体包括：

一是关于监管报告、信息披露和透明性。保险公司按要求提交年度和季度财务报告，完整透明地反映公司面临的风险状况和财务状况。

二是关于非现场监测和分析。美国监管部门通过风险监测、财务状况评估等方法，持续监测保险公司偿付能力和财务状况，准确识别和评估保险公司当前和未来面临的风险。

三是关于以风险为重点的现场检查。美国监管部门对保险公司的公司治理、内部控制、财务情况、风险识别和缓释系统进行评估，确保保险公司符合监管要求。

四是关于准备金、资本充足率和偿付能力。监管部门采用标准化公式计算保险公司风险资本水平。保险公司必须保持足够的资本，若保险公司资本低于该水平将被采取监管行动。

五是对重大的广泛的风险相关交易和活动进行监管。保险公司实施影响保单持有人利益的交易和行为必须获得监管批准，相关交易和活动包括：控制权变更、支付股息金额、关联交易和再保险业务等。

六是关于预防、纠正措施和后续执行。美国监管部门通过现场或非现场检查方式识别风险后，采取恰当的必要的监管措施以降低风险。

七是关于市场退出和接管。美国监管部门根据保险公司的偿付能力制订公司接管计划，确保保险公司能够履行与保单持有人约定的支付义务。

二、欧盟保险公司偿付能力管理体系的发展情况

欧盟保险公司偿付能力管理体系的发展经历了两个阶段。

（一）第一阶段：欧盟保险公司偿付能力监管标准Ⅰ（Solvency Ⅰ，1973 年至 2008 年）

1973 年，欧盟发布 73/239/EEC 号条例首次明确非人身保险公司偿付保证金监管要求，并于 1979 年补充发布对人身保险公司的偿付保证金监管要求。1992 年，欧盟发布 92/96/EEC 号条例（适用于人寿保险公司）和 92/49/EEC 号条例（适用于非人寿保险公司），统一欧盟辖区内的保险公司偿付能力管理体系，形成欧盟保险公司偿付能力监管标准Ⅰ。

（二）第二阶段：欧盟保险公司偿付能力监管标准Ⅱ（Solvency Ⅱ，2009 年至今）

2009 年，欧洲议会和理事会发布 2009/138/EC 号条例（Directive 2009/138/EC of the European Parliament and of the Council on the

Taking－Up and Pursuit of the Business of Insurance and Reinsurance），正式实施欧盟保险公司偿付能力监管标准Ⅱ，规定保险公司的资本结构，偿付能力资本要求和最低资本要求。

2015年，欧盟发布委员会委托条例（EU）2015/35［Commission Delegated Regulation（EU）2015/35］明确各级资本计量包含的明细项目、偿付能力充足率计算方法和相关监管措施，要求保险公司的合格自有资本必须大于偿付能力资本要求，合格基础资本必须大于最低资本要求，并规定了各级合格自有资本相关的监管要求。

三、国际保险公司偿付能力管理体系的发展情况

2008年金融危机后，国际保险监督官协会牵头开展国际保险监管改革。主要的改革措施包括：参照银行业巴塞尔资本协议，建立《国际保险集团监管共同框架》（Common Framework for the Supervision of Internationally Active Insurance Groups），制定以风险资本计量为基础的国际保险资本标准，并针对全球系统重要性保险机构提出更高损失吸收能力要求等一揽子政策。

2013年10月，国际保险监督官协会发布以风险资本计量为基础的全球保险资本标准（Insurance Capital Standard，ICS）。全球保险资本标准是《国际保险集团监管共同框架》的重要组成部分，也是对国际活跃保险集团和全球系统重要性保险机构进行定量监管的重要依据。全球保险资本标准的目标是建立在全球范围内具有可比性的、基于风险的资本充足性管理计量方法，维护金融稳定并保护保单持有人合法权益。

2017年11月，国际保险监督官协会宣布分两个阶段实施全球保险资本标准2.0（Insurance Capital Standard version 2.0，ICS2.0）。全球保险资本标准2.0将风险分为保险风险、市场风险、信用风险

和运营风险四类，明确了风险计算标准、关注因素和计算方法。2019 年 11 月，国际保险监督官协会宣布全球保险资本标准 2.0 于 2020 年起进入为期 5 年的监测期。

第三节　主要国家和地区保险公司发行资本补充工具相关政策和业务实践

保险公司发行资本补充工具相关监管政策是保险公司偿付能力管理体系的重要组成部分之一。监管部门制定偿付能力管理体系中各级资本的认定标准和监管要求。保险公司发行的资本补充工具需要满足所补充资本的认定标准和监管要求。本节主要介绍全球主要国家和地区偿付能力管理体系对资本限额、永续性、次级性和损失吸收方面的认定标准和监管要求，并分析保险公司发行资本补充工具相关监管要求。

一、主要国家和地区保险公司发行资本补充工具的监管政策

（一）中国偿二代管理体系对资本补充工具的监管要求

目前，我国保险公司偿付能力管理体系对以下方面作出规定：

从资本的限额要求来看，在我国境内开展经营活动的保险公司附属资本不得超过核心资本的 100%，核心二级资本不得超过核心资本的 30%，附属二级资本不得超过核心资本的 25%。

从资本的永续性要求来看，我国境内保险公司的核心一级资本应当没有到期日，且发行时不应有被回购、赎回或者取消的约定或

者预期。我国境内保险公司的核心二级资本应当没有到期日或者期限不低于10年，发行5年后方可赎回并且不得含有利率跳升机制及其他赎回激励。我国境内保险公司的附属一级资本期限不低于5年，附属二级资本期限可以低于5年。

从资本的次级性要求来看，我国境内保险公司核心一级资本的破产清算受偿顺序被列于最后。发行人或其关联方不得提供抵押或保证，也不得通过其他安排使其在法律上或经济上享有优先受偿权。核心二级资本的破产清算受偿顺序被列于保单持有人和一般债权人之后，先于核心一级资本；资本工具发行人及其关联方不得提供抵押或保证，不得通过其他安排使其在法律或经济上享有优先受偿权；有到期日的，应当含有减记或转股条款，当触发事件发生时，该资本工具应当能立即减记或转为普通股。附属一级资本的破产清算受偿顺序被列于保单持有人和一般债权人之后，先于核心资本。附属二级资本的破产清算受偿顺序被列于保单持有人和一般债权人之后，先于附属一级资本。

从资本的损失吸收要求来看，核心一级资本吸收损失能力最强，应当能够吸收经营损失和破产损失。核心二级资本应当能够吸收经营损失和破产损失。附属一级资本和附属二级资本应当能够吸收破产损失。

从资本补充工具的赎回时间要求来看，核心一级资本补充工具在发行时不应产生该工具将被回购、赎回或取消的约定或预期。核心二级资本补充工具若发行期限不低于10年，发行5年后可以赎回。监管部门对附属一级资本补充工具和附属二级资本补充工具的赎回没有进行规定。

从资本补充工具票息递延要求来看，在任何情况下，核心一级资本的本金返还和收益分配都不是保险公司的强制义务，并且不分配收益的情形不被视为违约。如果使用核心二级资本支付本金或赎回将会导致保险公司偿付能力充足率不达标，则不能支付本金或赎回，本金可以递延支付。如果使用核心二级资本支付利息将会导致保险公司偿付能力充足率不达标，则当期利息支付义务应当取消。如果使用附属一级资本支付本金或利息将会导致保险公司偿付能力充足率不达标，则相关本金或利息应当递延支付。发行人无法按照合同约定支付本息时，该资本工具的权益人无权向法院申请对保险公司实施破产清算。附属二级资本可以不设定本息支付的约束条件。

（二）加拿大 MCCSR 管理体系对资本补充工具的监管要求

从资本的限额要求来看，加拿大境内的保险公司一级资本不得超过一级资本净额的 40%（普通股除外），保险公司一级资本不得超过一级资本净额的 15%（普通股和优先股除外）。如违反以上监管标准，保险公司必须立即向监管部门报告并说明原因和调整计划。同时，加拿大境内的保险公司二级资本（扣除摊销后）不得超过一级资本净额的 100%，二级资本中受限制的寿险工具（扣除摊销后）不得超过一级资本净额的 50%。

从资本的永续性要求来看，加拿大境内的保险公司一级资本应当为永久期限，没有票息跳升或其他赎回激励措施。二级资本期限不低于 5 年。

从资本的次级性要求来看，加拿大境内的保险公司一级资本的破产清算受偿顺序列于最后。二级资本的破产清算受偿顺序被列于保单持有人和一般债权人之后，先于一级资本。

从资本的损失吸收要求来看，加拿大境内的保险公司一级资本的吸收损失能力最强，应当能吸收经营损失和破产损失。二级资本应当能吸收经营损失和破产损失。

从资本补充工具的赎回时间要求来看，加拿大境内的保险公司一级资本补充工具发行5年后可以赎回。若要行使赎回权，保险公司必须事先获得监管部门批准，并使用相同或更好质量的资本工具代替被赎回的资本工具，或者保险公司能够证明在行使赎回权后其资本状况将高于监管部门设定的资本要求。二级资本补充工具发行5年后可以赎回。若要行使赎回权，保险公司必须事先获得监管部门批准，并使用相同或更好质量的资本工具代替被赎回的资本工具，或者保险公司能够证明在行使赎回权后其资本状况将高于监管部门设定的资本要求。

从资本补充工具的票息递延要求来看，保险公司有权力取消一级资本的收益分配，并且不分配收益的情形不被视为违约或出现信用风险事件。除限制普通股派息外，不分配收益的情形不得对保险公司造成阻碍保险公司正常运营或重组（包括收购和出售）等方面的限制。监管部门没有对加拿大境内保险公司的二级资本设置票息递延监管要求。

（三）欧盟 Solvency Ⅱ 管理体系对资本补充工具的监管要求

从资本的限额要求来看，欧盟范围内的保险公司至少80%的一级资本应是不受限制的一级资本，二级资本占自有资金的比例不得超过50%，三级资本占自有资金的比例不得超过15%。计入最低资本要求的自有资金必须有80%为一级自有资金。计入偿付能力资本要求的自有资金需50%为一级自有资金。辅助自有资金（即需要监管批准的自有资金）不能计入最低资本要求或三级资本。

从资本的永续性要求来看，一级资本应为永久期限，二级资本和三级资本需符合监管部门规定的赎回期限最低要求。

从资本的次级性要求来看，在欧盟范围内，保险公司的一级资本的破产清算受偿顺序列于最后；二级资本的破产清算受偿顺序列于保单持有人和一般债权人之后，先于一级资本；三级资本的破产清算受偿顺序列于保单持有人和一般债权人之后，先于核心二级资本。

从资本的损失吸收要求来看，一级资本的吸收损失能力最强，应当能够吸收经营损失和破产损失。二级资本应当能够吸收破产损失。

从资本补充工具赎回时间要求来看，一级资本补充工具发行10年后可以赎回，二级资本补充工具和三级资本补充工具发行5年后可以赎回。

从资本补充工具票息递延要求来看，欧盟范围内的保险公司可自行决定是否递延一级资本的票息，递延的票息不可累积。若保险公司未达到最低资本要求，二级资本的票息必须递延，递延的票息可以累积。若保险公司未达到偿付能力资本要求，三级资本票息必须递延，递延的票息可以累积。

（四）国际以风险资本计量为基础的保险资本标准管理体系（ICS）对资本补充工具的监管要求

从资本的限额要求来看，保险公司受限制的一级资本占保险公司资本要求的比例不得超过10%；若超出10%的部分具有损失吸收机制（Principle Loss Absorbency Mechanism），则受限制的一级资本占保险公司资本要求的比例可提高至15%。二级资本占保险公司资本要求的比例不得超过50%。对于国际活跃保险集团，受限制的一级资本占保险资本要求的比例不得超过30%；受限制的一级资本和二级资本合计占保险资本要求的比例不得超过60%。

从资本的永续性要求来看，保险公司的一级资本应为永久期限，二级资本期限不低于5年。

从资本的次级性要求来看，不受限制的一级资本的破产清算受偿顺序列于最后。受限制一级资本的破产清算受偿顺序列于保单持有人和一般债权人之后，先于不受限制的一级资本。二级资本的破产清算受偿顺序列于保单持有人和一般债权人之后，先于一级资本。

从资本的损失吸收要求来看，一级资本吸收损失能力最强，应当能够吸收经营损失和破产损失，二级资本应当能够吸收破产损失。

从资本补充工具赎回时间要求来看，受限制一级资本补充工具发行 5 年后可以赎回，二级资本补充工具发行 5 年后可以赎回。相关资本补充工具的赎回必须事前获得监管部门批准。

以风险资本计量为基础的保险资本标准管理体系（ICS）未对资本补充工具的票息递延设置监管要求。

二、国际保险公司发行资本补充工具的业务实践

（一）其他国家（地区）保险公司发行资本补充工具的特点

1. 保险公司主要选择其所在国家（地区）的境内市场发行资本补充工具

保险公司优先选择在其所在国家（地区）的境内市场发行资本补充工具，是基于多方面综合考量的理性选择。一是保险公司在其所在国家（地区）境内市场开展经营活动，已经形成相当规模的业务关系、客户关系、商业信誉等，发行资本补充工具的信用评级通常会高于保险公司（含境外子公司）在境外市场发行资本补充工具的信用评级。二是与境外发行资本补充工具相比，保险公司选择其所在国家（地区）的境内市场发行资本补充工具可以节省承销费用、律师费用和路演费用，降低融资成本。三是在境内市场发行资本补充工具，便于有意向的投资者开展尽职调查，部分已有同类机构、同类金融产品投资经验的投资者能够基于业务经验、已有的合作关系更加了解发行机构及其发行的资本补充工具结构和条款设计，在一定程度上可以降低相关资本补充工具的溢价要求。

根据彭博数据进行统计，1995 年至 2022 年，美国保险公司通过发行资本补充工具募集资金 773 亿美元，其中，保险公司在美国市场发行资本补充工具募集资金占比 89%，在境外发行资本补充工具募集资金占比 11%。欧洲保险公司发行资本补充工具募集资金 2 027 亿美元，其中，保险公司在欧洲市场发行的资本补充工具募集资金占比 89%，在欧洲市场之外发行资本补充工具募集资金占比 11%。日本保险公司发行资本补充工具募集资金 777 亿美元，其中，保险公司在日本市场发行资本补充工具募集资金占比 60%，在日本境外发行资本补充工具募集资金占比 11%。

但是，在特定情况下，也有部分保险公司选择在所在国家（地区）境外市场发行资本补充工具，主要基于以下考虑：一是部分境外市场具有较为成熟的资本补充工具发行实践和丰富经验；二是部分保险公司发行资本补充工具的目标投资者集中在境外市场。

2. 资本补充工具发行受到各国家（地区）偿付能力管理体系的直接影响

全球保险公司偿付能力管理体系按考核对象可分为两类。一类是考核集团控股公司（也称 Group Solvency）的偿付能力，即同时考核控股公司及其运营子公司的偿付能力，主要适用的国家或地区包括欧盟、日本、澳大利亚、中国大陆及中国台湾等。另一类是考核各运营主体（也称 Ring - Fencing）的偿付能力，即单独考核具体经营保险业务的公司的偿付能力，主要适用的国家或地区包括美国、新西兰、韩国、新加坡、中国香港等。

在考核集团控股公司的偿付能力管理体系（Group Solvency）中，保险公司多以集团控股公司作为资本补充工具的融资主体，在考核各保险运营主体体系（Ring - Fencing）中，保险公司多以各运营主体作为资本补充工具的融资主体。近年来，随着欧盟 Solvency Ⅱ影响力逐渐扩大，越来越多的国家（地区）的保险监管部门采用考核集团控股公司的偿付能力管理（Group Solvency）思路，引导保险公司更好地管理保险业务风险。

3. 保险公司可通过设计附加条款增加投资者对拟发行资本补充工具的配置意愿

国际保险公司发行资本补充工具通常会在满足监管规定的前提下增加附加条款。常见的附加条款包括股息制动机制、股息推动机制、无法持续经营触发条款等。

股息制动机制，是指发行人如果未支付相关联债券的票息，则不能在指定时间内（通常称为“制动期”）支付另一债券或另一类别债券的票息。

股息推动机制，是指发行人如果在指定时间内（通常称为“推动期”）向另一指定债券或债券类别支付报酬，则必须支付相关联债券的票息。股息推动机制通常规定发行人在约定日期前，如果分派或支付普通股股利，必须先分派或支付无固定期限债券或优先股等资本补充工具的利息或股利。

无法持续经营触发条款，是指在发行人无法持续经营时将其发行的相关债券注销或转换为普通股。例如，澳大利亚审慎监管局规定，当人身险公司触发无法持续经营事件时，其额外一级资本（AT1）和二级资本工具（Tier 2）将立即且不可撤销地转换为人身险公司或其母公司的普通股或者注销。

（二）境外保险公司发行资本补充工具的案例

1. 荷兰全球保险集团发行资本补充工具

欧洲保险公司一般采用无固定期限次级债券、无固定期限可转换债券、累积不可赎回优先股等工具补充一级资本，采用具有固定期限（一般为 30 年期）或可提前赎回的次级债券等工具补充二级资本。

以荷兰全球保险集团（AEGON）为例，荷兰全球保险集团主营保险、投资、养老金和人寿保险业务，在荷兰阿姆斯特丹证券交易所、法国法兰克福证券交易所、英国伦敦证券交易所、美国纽约证券交易所、日本东京证券交易所和瑞士苏黎世证券交易所等股票交易所上市。

荷兰全球保险集团发行的资本补充工具包括用于补充限制一级资本的次级无固定期限资本证券、无固定期限累积次级证券、无固定期限或有可转换证券和用于补充二级资本的固定浮动次级债券、固定次级债券（见表6－1）。

表6－1　荷兰全球保险集团发行的部分资本补充工具情况

资本补充工具种类	发行金额	发行日	期限	利率	赎回日	补充资本
无固定期限次级债券	5亿美元	2004年7月	无固定期限		2020年1月15日赎回或之后每过一个季度赎回	补充受限制的一级资本
	9.5亿欧元	2004年7月	无固定期限		2020年1月15日赎回或之后每过一个季度赎回	补充受限制的一级资本
	2.5亿美元	2005年11月	无固定期限		2020年3月15日赎回或之后每过一个季度赎回	补充受限制的一级资本
无固定期限累积次级债券	1.14亿欧元	1995年6月	无固定期限		2025年6月8日赎回或之后每过10年赎回	补充受限制的一级资本
	2.03亿欧元	1996年3月	无固定期限		2021年3月4日赎回或之后每过10年赎回	补充受限制的一级资本
	1.36亿欧元	1996年10月	无固定期限		2028年10月14日赎回或之后每过10年赎回	补充受限制的一级资本

续表

资本补充工具种类	发行金额	发行日	期限	利率	赎回日	补充资本
无固定期限或有可转换债券	5 亿欧元	2019 年 4 月	无固定期限		2029 年 4 月 15 日 –2029 年 10 月 15 日赎回或之后每五年的票息调整日赎回	补充受限制的一级资本
固定浮动次级债券	7 亿欧元	2014 年 4 月	30 年	固定为 4%，第一个可赎回日之后为浮动利率	2024 年 4 月 25 日赎回或之后每季度的付息日赎回	补充二级资本
	8 亿美元	2018 年 4 月	30 年	固定为 5.5%，第一个可赎回日之后为浮动利率	2028 年 4 月 11 日赎回或之后每个付息日赎回	补充二级资本
固定次级债券	9.25 亿美元	2019 年 10 月	30 年	固定为 5.1%	2024 年 12 月 15 日赎回或之后每过一个季度赎回	补充二级资本

资料来源：根据荷兰全球保险集团网站公布信息整理

2. 美国家庭人寿保险公司发行资本补充工具

美国保险公司通常采用无固定期限次级债券或者具有固定期限的次级债券作为资本补充工具。以美国家庭人寿保险公司（AFLAC）为例，美国家庭人寿保险公司主营人寿保险和健康保险，公司总部位于俄亥俄州哥伦布市，主要业务分布于日本市场。美国家庭人寿保险公司的资本补充工具主要由日本分公司发行。

美国家庭人寿保险公司发行的资本补充工具包括无固定期限次级债券和 30 年期次级债券两类，均可补充有限制的一级资本（见表 6 – 2）。

表 6－2　　　美国家庭人寿保险公司资本补充工具

资本补充工具种类	发行金额	发行日	期限	利率	赎回日	补充资本说明
无固定期限次级债券	300 亿日元	2019 年 4 月	无固定期限，后于 2019 年 11 月调整为 30 年期，并去除延期支付利息条款	2024 年 4 月 18 日之前为年固定利率 0.963%，之后为 6 个月的欧元日元 LIBOR + 适用利差	2024 年 4 月 18 日赎回或之后每个付息日赎回	补充偿付能力
次级债券	600 亿日元	2017 年 10 月	30 年	2027 年 10 月 22 日之前为年固定利率 2.108%，之后每 5 年重置一次，利率等于当时 5 年期日元互换发行利率 + 205 个基点	合约中规定的某些税收事件或评级机构事件发生时，随时可全部赎回。2027 年 10 月 23 日或之后，全部或部分赎回，赎回价格等于其本金加上截至赎回日（但不包括赎回日）的应计未付利息	补充受限制的一级资本

资料来源：根据美国家庭人寿保险公司网站公布信息整理

第七章 保险公司丰富资本补充工具的路径和效果

中国保险业经历了几次重要的发展时期。自 20 世纪 90 年代开始，保险代理销售体系建设、中国加入世贸组织、银保渠道合作，促进了我国保险负债业务 20 年的高速增长。2003 年，《中共中央关于完善社会主义市场经济体制若干问题的决定》发布，建立健全货币市场、资本市场、保险市场有机结合、协调发展的机制，促进了我国保险资产管理 20 年的长足发展。保险负债业务和保险资产管理齐头并进，推动保险公司逐步充实资本，提升风险防御能力。从目前发展情况来看，我国境内保险公司的资本补充难以满足人民群众对保险业务日益增长的需求，难以跟上保险业务规模的扩展，既影响保险业偿付能力充足率水平，又无法及时满足保险公司发展需求。积极审慎地探索多元化的资本补充工具，有利于提高保险公司偿付能力水平，更好地发挥保险保障和资源配置功能。

第一节　保险公司丰富资本补充工具的必要性

从目前我国境内保险公司的经营环境、业务实践和发展需求来看，保险公司使用多种类型的资本补充工具具有必要性。

一、保险公司丰富资本补充工具的政策必要性

（一）落实国家战略部署要求

党的十九大报告提出："按照兜底线、织密网、建机制的要求，全面建成覆盖全民、城乡统筹、权责清晰、保障适度、可持续的多层次社会保障体系。"党的二十大报告提出："社会保障体系是人民生活的安全网和社会运行的稳定器。健全覆盖全民、统筹城乡、公平统一、安全规范、可持续的多层次社会保障体系。"2017 年召开的第五次全国金融工作会议明确"促进保险业发挥长期稳健风险管理和保障的功能"等工作要求。2022 年中央经济工作会议强调"加强金融、地方债务风险防控，守住不发生系统性风险的底线"。完善保险公司资本补充工具，不仅对提升行业整体偿付能力有重要意义，而且是保险行业贯彻党中央、国务院和监管部门部署，落实金融行业服务实体经济、深化金融改革、防控金融风险各项工作要求的重要环节之一，有利于促进保险公司长期稳健发展，发挥风险管理和保障职能。

（二）发挥保险行业社会作用

保险业是我国金融业的重要组成部分，在保障和支持实体经济高质量发展过程中具有积极作用。目前，中国保险业每年为境内外企业、居民、社会组织的生产、生活、商贸、养老、投资等提供数千万亿元的巨额风险保障，累计赔款和给付支出达到数万亿元，对实体经济发展和有效风险缓释发挥着重要作用。为全面贯彻落实党中央、国务院关于金融支持实体经济的决策部署，根据《关于保险

业支持实体经济发展的指导意见》（保监发〔2017〕42 号），我国保险业需要持续发挥保险风险管理与保障功能，拓宽保险资金支持实体经济渠道，促进保险业持续向振兴实体经济发力、聚力，提升保险业服务实体经济的质量和效率。在这样的发展阶段和经营环境下，逐步丰富和完善保险资本补充工具，更好地发挥保险业支持实体经济的社会作用，是我国市场经济发展对保险业的客观需求，也是保险业自身稳健发展、与客户共享发展成果的客观需求。相关资料见图 7 – 1。

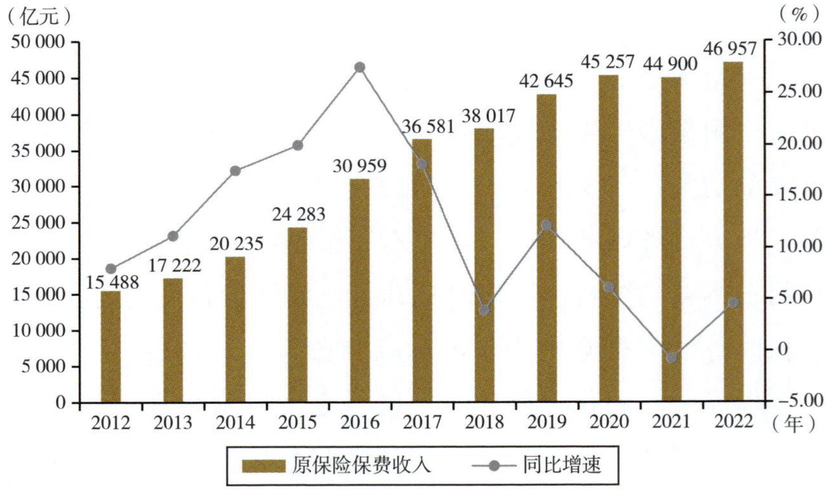

图 7 – 1　保险业务持续发展

资料来源：根据国家金融监督管理总局网站公布信息整理

（三）促进保险业对外开放

《中共中央 国务院关于构建更加完善的要素市场化配置体制机制的意见》（中发〔2020〕9 号）提出，应主动有序扩大金融业对外开放。丰富我国境内保险公司可使用的资本补充工具，促进境内资本补充工具与其他国家保险公司的已有实践相互接轨，是我国保险业对外开放的重要内容之一。丰富的资本补充工具和渠道、多层级的资本补充监管和更加开放的市场环境，将有利于吸引更多的境内外投资者，促进境内资金和境外资金流动，使我国保险业充分接触境内境外两种市场，促进境内境外各类资源协调联动。

二、保险公司丰富资本补充工具的业务必要性

（一）满足保险公司业务需要

随着我国人身险和财产险业务快速发展，《保险公司偿付能力监管规则（Ⅱ）》实施后，保险公司的最低资本要求不断提高，仅依靠内源式增长难以支撑业务的高速发展，拓展外延式资本补充成为保险公司稳健发展的必然选择。

（二）优化资本结构和提升偿付能力

我国保险公司资本和偿付能力监管经历了一个较长的发展过程，基于我国保险公司所处的发展阶段和业务实际情况，形成了涵盖核心偿付能力充足率、综合偿付能力充足率等定量指标和多种定性要求的监管体系。当前，保险公司可运用的核心二级资本补充工具和附属二级资本补充工具较为匮乏，保险公司面临资本吸收损失能力存在断层、资本偿付顺序不连贯等挑战。《保险公司偿付能力监管规则（Ⅱ）》实施后，保单未来盈余不再全额纳入核心资本，而是分级纳入核心二级资本、附属一级资本和附属二级资本，保险公司核心偿付能力充足率普遍降低，风险综合评级面临下降风险。因此，保险公司需要更为丰富的资本补充工具夯实资本，保持偿付能力充足率稳定。

（三）有效防范系统性金融风险

近年来，国内外经济形势日益复杂，资本市场波动加大。保险公司需要根据业务发展的需要和资本市场的变化适时补充资本，并在未来一段时间内为偿付能力充足率预留空间以有效防范金融风险。使用多样化的资本补充工具，一方面有利于保险公司提高自身偿付能力充足率，优化资产负债结构，提升公司经营能力；另一方面，也能为保险客户和实体经济提供更加稳定的风险保障和资金支持。

第二节　保险公司丰富资本补充工具的可行性

从目前我国境内保险公司相关监管政策和业务实践来看，保险公司使用多种类型的资本补充工具具有可行性。

一、保险公司丰富资本补充工具的制度可行性

一是《保险公司偿付能力监管规则（Ⅱ）》已明确各级资本补充工具的合格标准。保险公司资本补充工具的条款设计具备制度依据和设计标准。

二是我国资本补充工具发行制度较为完善，监管部门对资本补充工具的发行监管分工明确。中国人民银行制定资本补充工具的发行管理办法和配套制度。保险监管部门制定资本补充工具具体准入标准和发行管理相关规定。此外，权益类资本补充工具的发行还受到证券监管部门的监管。

三是我国银行资本补充工具相关制度可在一定程度上为保险公司完善资本补充工具制度提供参考。2018 年，《关于进一步支持商业银行资本工具创新的意见》（银监发〔2018〕5 号）和《中国人民银行关于银行业金融机构发行资本补充债券有关事宜的公告》（中国人民银行公告〔2018〕第 3 号）发布，鼓励商业银行发行无固定期限资本债券，以充实资本防御风险。2019 年 1 月 25 日，中国银行发行 2019 年第一期无固定期限资本债券。此后，无固定期限资本债券逐渐成为商业银行补充其他一级资本的主要资本补充工具之一，相关经验也可为丰富保险公司的资本补充工具提供借鉴。

二、保险公司丰富资本补充工具的实践可行性

一是我国保险公司在境内境外市场已经积累发行资本补充工具的部分经验。多家保险公司已在境内市场发行资本补充工具，例如次级定期债务、资本补充债券等。同时，中国人寿保险股份有限公司和建信人寿保险股份有限公司曾通过发行境外核心二级资本证券的方式提升资本充足率。目前，我国境内保险公司已在发行资本补充工具方面进行了十多年的实践探索，建立了较为完善的资本补充工具管理内部制度，可以为逐步完善、丰富、使用资本补充工具提供经验支持（见表 7 - 1）。

表 7 - 1　　保险公司境内资本补充工具发展情况

项目	偿一代时期（2010—2015 年）	偿二代一期工程（2016—2021 年）	偿二代二期工程（2022 年实施）
产品类型	次级定期债务	资本补充债券	创新型资本补充工具
流通性	非流通、非公开	流通、公开	流通、公开

续表

项目	偿一代时期（2010—2015 年）	偿二代一期工程（2016—2021 年）	偿二代二期工程（2022 年实施）
发行流通市场	无	银行间债券市场	银行间债券市场、交易所等
主要监管机构	金融监管总局	人民银行、金融监管总局	人民银行、金融监管总局
补充资本层级	补充偿一代的附属资本	补充偿二代一期工程下的附属一级资本	补充偿二代二期工程下的各级资本
适用法规	《保险公司次级定期债务管理办法》	《关于保险公司发行资本补充债券有关事宜的公告》	《关于保险公司发行无固定期限资本债券有关事项的通知》等

资料来源：根据国家金融监督管理总局网站公布信息整理

二是我国银行业和境外保险公司资本补充工具的运用情况，可为后续我国保险公司创新资本补充工具提供参考。随着多层级资本结构的逐步建立，我国商业银行可使用的资本补充工具种类逐渐丰富，资本结构随之优化，使银行业资本充足率大幅改善。从我国境内银行业资本管理发展的进程可以看到，形成一套较为完善的资本工具政策体系、出台符合中国金融市场实践的配套政策、提升资本补充工具流动性，以及从点到面、从试点到推广、从大型商业银行到其他中小商业银行逐步推进等，对保障商业银行的稳健经营起到了积极作用。与此同时，境外保险公司主要采用多层次体系进行资本管理。这种多层次的资本管理体系主要包括多层级的监管制度、业务规则和多层级的保险机构内部管理架构、风险监测指标等，有效降低了保险公司的资金运用风险。

第三节　保险公司丰富资本补充工具的相关标准

按照《保险公司偿付能力监管规则（Ⅱ）》《保险公司偿付能力监管规则第 1 号：实际资本》的规定，符合各类资本分级标准的资本补充工具将被认定并计入相应层级的资本。

一、核心一级资本补充工具的标准

核心一级资本补充工具的条款设计需满足如表 7－2 所列分级标准。

表 7－2　　　　核心一级资本补充工具分级标准

合格标准	偿二代一期工程	偿二代二期工程
存在性	• 应当是实缴的	• 同偿二代一期工程
无固定期限性	• 应当没有到期日，且发行时不应产生该工具将被回购、赎回或取消的预期	• 同偿二代一期工程
次级性	• 应当能吸收经营损失和破产损失 • 破产清算时的受偿顺序排在最后 • 发行人或其关联方不得提供抵押或保证，也不得通过其他安排使其在法律或经济上享有优先受偿权	• 同偿二代一期工程
非强制性	• 任何情况下本金返还和收益分配都不是保险公司的强制义务，且不分配收益不被视为违规	• 同偿二代一期工程
外生性	• 无	• 资本工具发行人不得直接或间接为投资人购买该工具提供融资 • 投资人不存在通过关联交易、多层嵌套金融产品、增加股权层级等方式套取保险资金，用于购买该工具的情形

注：表格反映相较偿二代一期工程，偿二代二期工程对资本认定的改进和调整。保险公司发行创新型资本补充工具应满足偿二代二期工程的要求

资料来源：根据国家金融监督管理总局网站公布信息整理

二、核心二级资本补充工具的标准

核心二级资本补充工具的条款设计需满足如表 7－3 所列分级标准。

表 7－3　　核心二级资本补充工具分级标准

合格标准	偿二代一期工程	偿二代二期工程
存在性	• 应当是实缴的	• 同偿二代一期工程
无固定期限性	• 应当没有到期日或者期限不低于 10 年，发行 5 年后方可赎回并且不得含有利率跳升机制及其他赎回激励	• 同偿二代一期工程
次级性	• 应当能吸收经营损失和破产损失 • 破产清算时的受偿顺序列于保单持有人和一般债权人之后，先于核心一级资本 • 发行人或其关联方不得提供抵押或保证，也不得通过其他安排使其在法律或经济上享有优先受偿权 • 有到期日的，应当含有减记或转股条款，当触发事件发生时，该资本工具能立即减记或者转为普通股	• 同偿二代一期工程
非强制性	• 有到期日的，支付本金或利息后偿付能力充足率不达标时，不能支付本金或利息 • 可以设定递延支付条款或取消支付条款	• 支付本金或赎回后偿付能力充足率不达标的，不能支付本金或赎回，本金可以递延支付 • 支付利息后偿付能力充足率不达标的，当期利息支付义务应当取消 • 发行人如无法如约支付本息时，该资本工具的权益人无权向法院申请对保险公司实施破产
外生性	• 无	• 资本工具发行人不得直接或间接为投资人购买该工具提供融资 • 投资人不存在通过关联交易、多层嵌套金融产品、增加股权层级等方式套取保险资金，用于购买该工具的情形

注：表格反映相较偿二代一期工程，偿二代二期工程对资本认定的改进和调整。保险公司发行创新型资本补充工具应满足偿二代二期工程的要求

资料来源：根据国家金融监督管理总局网站公布信息整理

三、附属一级资本补充工具的标准

附属一级资本补充工具的条款设计需满足如表 7－4 所列分级标准。

表 7－4　　　　　附属一级资本补充工具分级标准

合格标准	偿二代一期工程	偿二代二期工程
存在性	• 应当是实缴的	• 同偿二代一期工程
无固定期限性	• 期限不低于 5 年	• 同偿二代一期工程
次级性	• 应当能吸收破产损失 • 破产清算时的受偿顺序列于保单持有人和一般债权人之后，先于核心资本	• 同偿二代一期工程
非强制性	• 可以设定本息递延条款 • 发行人无法如约支付本息时，该资本工具的权益人无权向法院申请对保险公司实施破产	• 支付本金或利息后偿付能力充足率不达标的，本金或利息应当递延支付 • 发行人无法如约支付本息时，该资本工具的权益人无权向法院申请对保险公司实施破产
外生性	• 无	• 资本工具发行人不得直接或间接为投资人购买该工具提供融资 • 投资人不存在通过关联交易、多层嵌套金融产品、增加股权层级等方式套取保险资金，用于购买该工具的情形

注：表格反映相较偿二代一期工程，偿二代二期工程对资本认定的改进和调整。保险公司发行创新型资本补充工具应满足偿二代二期工程的要求

资料来源：根据国家金融监督管理总局网站公布信息整理

四、附属二级资本补充工具的标准

附属二级资本补充工具的条款设计需满足如表 7－5 所列分级标准。

表7－5　附属一级资本补充工具分级标准

合格标准	偿二代一期工程	偿二代二期工程
存在性	• 应当是实缴的或符合保监会规定的形式	• 同偿二代一期工程
无固定期限性	• 期限可以低于5年	• 同偿二代一期工程
次级性	• 应当能吸收破产损失 • 破产清算的受偿顺序列于保单持有人和一般债权人之后，先于附属一级资本	• 同偿二代一期工程
非强制性	• 可以不设定本息支付的约束条件	• 同偿二代一期工程
外生性	• 无	• 资本工具发行人不得直接或间接为投资人购买该工具提供融资 • 投资人不存在通过关联交易、多层嵌套金融产品、增加股权层级等方式套取保险资金，用于购买该工具的情形

注：表格反映相较偿二代一期工程，偿二代二期工程对资本认定的改进和调整。保险公司发行创新型资本补充工具应满足偿二代二期工程的要求

资料来源：根据国家金融监督管理总局网站公布信息整理

五、偿付能力充足率相关监管标准

保险公司偿付能力监管指标体系包括综合偿付能力充足率、核心偿付能力充足率和风险综合评级，三个指标均符合监管要求视为达标。相关监管要求包括：核心偿付能力充足率不低于50%，综合偿付能力充足率不低于100%，风险综合评级在B类及以上。未达到偿付能力充足率标准的，监管部门将根据风险成因和风险级别，采取有针对性的监管措施，如风险提示、监管谈话、限期整改、进行专项现场检查、要求提交完善风险管理的计划等。

第四节　资本补充工具的发行效果测算

资本补充工具对于保险公司偿付能力充足率等指标有正向作用。保险公司发行不同类型的资本补充工具，可以对相应层级的资本进行补充，从而提升保险公司的偿付能力充足率。保险公司发行附属资本补充工具，可以提升综合偿付能力充足率；发行核心资本补充工具，可以同时提升综合偿付能力充足率和核心偿付能力充足率。本节以保险公司发行无固定期限资本债券[①]为例，测算其对资本结构和偿付能力的影响。

为客观审慎评估新型核心二级资本补充工具的效果，本节选取两种方法进行测算。

一、参考商业银行的发行情况进行测算

（一）发行规模测算

鉴于保险公司核心二级资本补充工具对于补充核心资本的作用与商业银行其他一级资本补充工具对于补充一级资本的作用可比，由此假设保险公司核心二级资本工具的发行规模占公司核心资本比例与商业银行无固定期限资本债券的发行规模占商业银行一级资本净额比例相似。测算使用2020年末行业数据。截至2020年末，我国商业银行无固定期限资本债券的发行规模占商业银行一级资本净额比例为

① 2022年8月，中国人民银行、原银保监会联合发布《关于保险公司发行无固定期限资本债券有关事项的通知》，自2022年9月9日起实施。该债券补充保险公司核心二级资本。

6.08%。按此比例测算，待保险公司发行核心二级资本补充工具成熟稳定后，核心二级资本补充工具发行规模如表 7－6 所示。

表 7－6　保险公司核心二级资本补充工具发行规模测算

公司类型	项目	数值
商业银行	一级资本净额	200 454 亿元
	无固定期限资本债券发行总规模	12 180 亿元
	无固定期限资本债券发行总规模占一级资本净额比例	6.08%
人身险公司	核心资本	35 988 亿元
	核心二级资本工具发行规模测算	2 187 亿元
财产险公司	核心资本	5 355 亿元
	核心二级资本工具发行规模测算	325 亿元
再保险公司	核心资本	731 亿元
	核心二级资本工具发行规模测算	44 亿元
集团公司	核心资本	4 182 亿元
	核心二级资本工具发行规模测算	254 亿元

注：数据截至 2020 年 12 月 31 日。商业银行数据来自 Wind。保险公司核心资本数据来自协会调研。计算结果保留整数

资料来源：Wind，中国保险资产管理业协会

（二）发行效果测算

保险公司发行核心二级资本补充工具后对核心偿付能力充足率和综合偿付能力充足率的提升效果测算如表 7－7 所示。

表 7－7　保险公司发行核心二级资本补充工具后对核心偿付能力充足率和综合偿付能力充足率的提升效果

项目	人身险公司		财产险公司		再保险公司	
	发行前	发行后	发行前	发行后	发行前	发行后
核心偿付能力充足率（%）	225	238	242	256	197	209
综合偿付能力充足率（%）	235	248	274	289	232	244

注：发行前数据来自协会调研，数据截至 2020 年 12 月 31 日。发行后数据为测算数据。计算结果保留整数

资料来源：中国保险资产管理业协会

二、根据偿二代监管规则进行测算

（一）发行规模测算

《保险公司偿付能力监管规则第 1 号：实际资本》规定，核心二级资本不得超过核心资本的 30%。假设保险公司发行的核心二级资本占核心资本占比存在 5%（谨慎）、10%（正常）、30%（积极）三种情形，则人身险公司、财产险公司和再保险公司核心二级资本补充工具发行规模测算如表 7－8 所示。

表 7－8　三种情形下保险公司核心二级资本补充工具发行规模测算

公司类型	项目	所占比例（%）	金额（亿元）
人身险公司	核心资本		35 988
	核心二级资本工具发行规模测算	5	1 799
		10	3 599
		30	10 796
财产险公司	核心资本		5 355
	核心二级资本工具发行规模测算	5	268
		10	536
		30	1 607
再保险公司	核心资本		731
	核心二级资本工具发行规模测算	5	37
		10	73
		30	219

注：核心资本数据来自协会调研。数据截至 2020 年 12 月 31 日

资料来源：中国保险资产管理业协会

（二）发行效果测算

在 5%（谨慎）、10%（正常）、30%（积极）三种情形下，保

险公司发行核心二级资本补充工具后对核心偿付能力充足率和综合偿付能力充足率的提升效果测算如表7-9、表7-10、表7-11所示。

表7-9　人身险公司发行核心二级资本补充工具效果测算　（单位：%）

项目	发行前	发行后		
		5%（谨慎）	10%（正常）	30%（积极）
核心偿付能力充足率	224	236	247	292
综合偿付能力充足率	235	246	257	302

注：发行前数据来自协会调研，数据截至2020年12月31日。发行后数据为测算数据。计算结果保留整数

资料来源：中国保险资产管理业协会

表7-10　财产险公司发行核心二级资本补充工具效果测算　（单位：%）

项目	发行前	发行后		
		5%（谨慎）	10%（正常）	30%（积极）
核心偿付能力充足率	242	254	266	315
综合偿付能力充足率	274	286	299	347

注：发行前数据来自协会调研，数据截至2020年12月31日。发行后数据为测算数据。计算结果保留整数

资料来源：中国保险资产管理业协会

表7-11　再保险公司发行核心二级资本补充工具效果测算　（单位：%）

项目	发行前	发行后		
		5%（谨慎）	10%（正常）	30%（积极）
核心偿付能力充足率	197	207	217	256
综合偿付能力充足率	232	242	252	291

注：发行前数据来自协会调研，数据截至2020年12月31日。发行后数据为测算数据。计算结果保留整数

资料来源：中国保险资产管理业协会

三、丰富资本补充工具的效果总结

上述测算情况显示，保险公司发行核心二级资本补充债券后，

核心偿付能力充足率和综合偿付能力充足率均有提升，并且两项偿付能力水平提升幅度相当。核心二级资本债券的发行规模与核心偿付能力和综合偿付能力的补充效果呈线性关系。核心二级资本占核心资本比例越高，对核心偿付能力充足率和综合偿付能力充足率的补充效果越好。

第八章
保险公司资本补充工具管理实践

完善的资本补充工具管理体系需要行业监管、市场机制和公司内部控制三个方面相互配合支持。监管部门制定资本补充工具管理规定，行业自律组织和相关市场参与方确立自律规则和市场机制，保险公司建立内部控制机制和执行内部管理，以确保资本补充工具的管理实践合法、合理、有效运行。

第一节　建立三层级资本补充工具管理框架

从金融机构资本补充工具发行实践看，资本补充工具的持续发展需要三层级资本补充工具管理框架。

一是监管部门负责制定创新工具的具体准入标准、发行与存续期管理的相关规定。保险监管部门从资本监管角度和机构监管角度制定相关制度。中国人民银行和证券监管部门负责资本补充工具发行和交易行为的相关监管，从规范发行角度和加强交易监管角度制定相关制度。

二是行业自律组织和相关方在监管部门的指导下，开展行业自律管理，强化市场机制，形成监管制度的有效补充。相关方包括但不限于审计机构、信用评级机构、行业分析师、研究机构、政府部门和新闻媒体等。

三是保险公司根据自身资本补充的需求，结合公司内部控制和管理制度，研究、探索、发行、交易、管理各类资本补充工具，逐渐形成相关业务实践。

第二节　资本补充工具相关的市场机制和行业自律

一、发挥市场机制的积极作用

市场机制是引导、促进和发挥相关市场参与方（利益人）的重要环节，通过公平交易、信息披露、信息交流等市场规则和业务活动，可以借助市场经济规律、合同契约等约束力，加强对保险公司相关资本补充工具的发行、交易和管理，有效防范风险。一般情况下，保险公司资本补充工具相关的市场监督主要涉及两个方面：一是保险公司依法合规进行信息披露，相关市场参与方基于已披露信息进行市场监督，促进保险公司落实业务经营、风险管理、内部控制的第一责任人相关职责；二是监管部门与各市场参与方加强信息交流，完善监管政策和市场机制，促进市场力量有序开展公平交易、风险评级、价值评估等业务活动，助力保险公司持续稳健的经营管理。

（一）保险公司按照监管要求履行信息披露义务

目前，保险公司信息披露主要涉及主体信息披露和债券存续期信息披露。其中，主体信息披露主要包括：保险公司年度信息披露、偿付能力信息披露、资金运用信息披露、关联交易信息披露、其他重大事项披露等。我国境内保险公司通过公司网站披露主体信息，并按监管要求建立较为完整的信息披露流程。债券存续期信息披露主要包括：年度报告、季度报表、季度跟踪评级报告、季度偿付能力报告、其他重大事项等。我国境内保险公司可通过中国债券信息网、中国货币网、人民银行指定的其他机构网站等进行存续期债券披露。

加强保险公司资本补充工具的信息披露，有助于提高保险公司自身经营管理能力，形成公开透明的信息披露途径，促进投资人和相关市场参与方对保险公司的了解，增进资本补充工具的市场流动性和价值发现机制的作用。加强信息披露可以从以下方面提升相关市场机制的运行效率：

一是提升相关资产存续期间的信息披露质效。目前，我国境内保险公司的债券存续期信息披露以披露财务报表信息为主。基于资本补充工具的存续期往往较长的实际情况，相关财务报表信息难以全面反映保险公司在债券存续期内的经营变化、未来偿付风险和信用状况。因此，按照监管要求对于债券存续期内的公司经营状况、资产负债匹配情况、战略规划、信用风险等方面进行更加详细的披露，有助于提高保险公司自身经营管理能力，并适度降低相关市场参与方获取资本补充工具相关信息的成本。

二是促进非公开发行资本补充工具相关信息披露。我国境内保险公司信息披露相关监管规定明确要求公开发行的资本补充工具按照规定程序和频次公开进行信息披露；对非公开发行的资本补充工具可参照公开发行资本补充工具相关监管要求披露业务资料、发行结果、财务报告、信用评级报告等材料，以降低因缺乏市场监督和信息不对称可能导致的发行人欺诈风险，保护投资者权益。

三是逐步提高计息规则的标准化程度。随着我国保险公司等金融机构逐步探索资本补充工具相关实践，目前我国境内保险公司已发行的资本补充债券适用两种计息规则：一种采用实际天数/实际天数进行计算；另一种采用实际天数/365（2月29日不计息）进行计算。计息方式的逐步统一，有助于提高市场定价效率。

四是加强信息披露形式的标准化和电子化。目前，我国资本补充债券信息披露主要采用PDF格式在中国债券信息网、中国货币网等渠道披露。这种格式仅满足简单查阅的需求，给投资者开展具体深入的分析决策造成一定阻碍。从市场实践来看，保险公司提供标准化和电子化的基础资产、现金流等信息，有助于投资人和相关市场参与方进行电子化报送接收，有利于相关市场参与方分析、研究、增进信心和寻找投资机会。

（二）监管部门加强与相关市场参与方信息交流

为建立健全市场监督机制，监管部门与保险消费者、保险公司股东、信用评级机构、行业分析师、研究机构、政府部门加强信息交流，有利于发挥相关市场参与方对保险公司的监督作用，形成促进保险公司稳健发展的合力。《保险公司偿付能力监管规则第14号：偿付能力信息交流》《保险公司偿付能力监管规则第15号：保险公司信用评级》等监管规则实施，规范保险公司偿付能力的信息披露，一方面，与相关市场参与方建立持续、双向、互动的信息交流机制；另一方面，监管部门也在上述规则基础上，加强与相关市场参与方开展关于保险公司资本补充工具的信息交流。

二、强化行业自律管理

行业自律管理是保险公司资本补充工具管理体系的重要组成部分。行业自律组织发挥自律、协调、服务的功能，助力保险机构完善内部控制、强化信息披露、加强风险管理，并在搭建社会监督平台、促进业务合作交流等方面起到积极作用。

在逐渐丰富保险公司资本补充工具的进程中，行业自律组织在不同阶段提供的服务有所不同。在市场就相关资本补充工具形成初步意向时，行业自律组织可协助监管部门和市场机构开展资本补充工具相关的必要性和可行性研究，组织行业调研了解市场需求。在监管部门和市场机构确定具有特定资本补充工具相关业务需求时，行业自律组织可协助监管部门细化完善资本补充工具相关监管规则，并组织市场机构进行详细讨论，以便契合业务实践和流程操作。在监管部门出台资本补充工具相关监管政策后，行业自律组织可对保险公司资本补充工具的发行、投资、交易、内控等环节进行自律管理和提供专业服务，以协助监管部门和市场机构逐步提升信息披露效率、完善投资者保护，加强对保险公司及其相关交易对手方、中介机构、服务机构等的自律管理，促进各方提升金融业务和经营活动质效。

第三节　保险公司资本补充工具相关的内部管理

保险公司建立和完善管理制度、内部流程和操作规程，是发行资本补充工具的基本保障。保险公司资本管理需要遵守偿付能力充足率相关监管要求，兼顾规模发展和风险管理的需要，并争取实现资本收益最大化。

一、事前的准备和规划

保险公司应依据相关法律法规和《保险公司偿付能力管理规

定》（银保监发〔2021〕1号），做好资本管理的规划工作。《保险公司偿付能力管理规定》第九条明确了资本管理的决策机制，即保险公司董事会和高级管理层对本公司偿付能力管理工作负责。第十条确定了组织框架和职责权限，即保险公司应当建立健全偿付能力风险管理的组织架构，明确董事会及其相关专业委员会、高级管理层和相关部门的职责与权限，并指定一名高级管理人员作为首席风险官负责偿付能力风险管理工作。第十五条规定保险公司应当按年度滚动编制公司三年资本规划，经公司董事会批准后，报送相关监管部门。保险公司应建立发展战略、经营规划、机构设立、产品设计、资金运用与资本规划联动的管理决策机制，通过优化业务结构、资产结构，提升资本管理能力，运用适当的外部资本工具补充资本，保持偿付能力充足。

总体来看，资本相关规划可以分为资本需求预测、资本补充计划和融资策略三个重要环节：

在资本需求预测方面，保险公司要定期监控和监测偿付能力，按照监管要求开展偿付能力压力测试，对未来一定时间内不同情景下的偿付能力状况及发展趋势进行预测，发现存在可能造成偿付能力不足的因素时需提前预警，并及时采取相应措施确保公司的偿付能力符合相关监管要求。

在资本补充计划方面，保险公司通常采用动态管理的方式。保险公司按照偿付能力管理要求，每年滚动调整未来三年的资本补充和分配计划。部分保险公司已经建立偿付能力充足率水平的动态管理机制，如设置资本不足、资本适中和资本充足三个偿付能力充足率区间，根据公司所处区间采取相应的管理措施，区间设置因外部政策、经营环境和公司管理目标的变化而动态调整。

在融资策略方面，保险公司以资本需求预测、资本补充和分配计划为依据，结合市场动态制定相应的资本补充策略，具体内容包括但不限于资本补充规模、资本补充方式、资本投向、资本工具发行时间窗口等。

二、事中的审核和批复

根据《中国人民银行 中国保险监督管理委员会公告》(〔2015〕第3号，以下简称《公告》) 和《中国人民银行 中国银行保险监督管理委员会关于保险公司发行无固定期限资本债券有关事项的通知》(银发〔2022〕175号，以下简称《通知》) 的要求，保险公司申请公开发行资本补充工具，需满足以下条件：

1. 具有良好的公司治理机制；
2. 连续经营超过三年；
3. 上年末经审计和最近一季度财务报告中净资产不低于人民币10亿元；
4. 偿付能力充足率不低于100%；
5. 最近三年没有重大违法、违规行为；
6. 保险集团（控股）公司不得发行无固定期限资本债券；
7. 人民银行和银保监会要求的其他条件。

在满足以上条件的前提下，保险公司可以启动资本补充工具发行准备工作，通常分为内部审批决策、中介选聘、监管申报和市场发行四个阶段。

（一）内部审批决策阶段

保险公司应履行内部审批决策流程，由公司章程或章程性文件规定的权力机构对资本补充工具发行规模和期限、募集方式和对象、募集资金用途和有效期等进行审议并出具书面同意文件，通常由董事会及股东大会履行相关审批事项。

（二）中介选聘阶段

保险公司按照公司内部管理制度，通过公开招标、竞争性磋商或内部遴选等方式选择合适的中介机构，包括但不限于主承销商、评级机构、律师事务所、会计师事务所等协助完成资本补充工具发行工作的市场参与方。在选聘中介机构时，保险公司重点考查中介机构相关资质及综合实力、服务团队的专业水平、发行和执行方案设计的合理性、相关服务承诺、与公司历史合作情况、监管沟通能力和项目报价等事项。此外，《公告》规定应当聘请2家具有评级资质的信用评级机构，并鼓励多元化信用评级方式，《通知》规定发行人或投资人可聘请信用评级机构对无固定期限资本债券进行评级。

（三）监管申报阶段

保险公司按照相关监管要求，翔实、准确地提供申请材料，对发行资本补充工具、申请规模的必要性和可行性、公司经营状况、财务实力和偿债能力进行有效分析，便于监管部门全面、真实地了解公司及其资本补充工具的详细情况，保险公司申请公开发行资本补充工具，应当首先向保险监管部门提交以下申请材料：

1. 资本补充工具发行申请报告；

2. 发行人公司章程或章程性文件规定的权力机构的书面同意文件；

3. 近3年经审计的财务报告、审计报告、最近一季度财务报告，以及符合银保监会编制要求的近3年经审计的偿付能力报表和最近一季度偿付能力报表。偿付能力报表包括偿付能力状况表、认可资产表、认可负债表、实际资本表和最低资本表；

4. 募集说明书；

5. 发行公告；

6. 资本补充工具可行性研究报告；

7. 承销团成员名单及相关业务开展情况介绍、承销协议；

8. 发行人关于本期债券偿债计划及保障措施的专项报告；

9. 信用评级机构出具的信用评级报告及有关持续跟踪评级安排的说明；

10. 发行人律师事务所出具的法律意见书；

11. 发行人所属保险集团（控股）公司的资本补充整体规划；

12. 银保监会要求的其他材料。

采用担保方式发行的，还应当提供担保协议及担保资信情况说明。资本补充工具以协议承销方式发行的，主承销商还应当提交尽职调查报告。

《通知》规定中国人民银行对保险公司发行包括无固定期限资本债券在内的资本补充债券实行余额管理。在核定余额有效期内任一时点，发行人存续资本补充债券余额不得超过核定额度，并且无固定期限资本债券余额不得超过核心资本的30%。

（四）市场发行阶段

保险公司应综合考查资本补充需求和市场情况，合理确定资本补充工具发行要素，依法合规地推进销售推介工作，《通知》要求保险公司应当提升无固定期限资本债券的市场化定价程度，增强对各类投资者的吸引力。保险公司在选择合理的市场窗口后，需按规定在每期债券发行前向人民银行提交备案文件，启动正式发行工作。发行人公开发行资本补充工具，需按《公告》要求在中国货币网和人民银行指定的其他机构网站公布当期发行文件，包括：

1. 银保监会和人民银行同意债券发行的文件；

2. 发行公告；

3. 募集说明书；

4. 近三年经审计的财务报告、审计报告及最近一季度财务报告；

5. 信用评级报告和有关持续跟踪评级安排的说明；

6. 法律意见书；

7. 本期债券偿债计划及保障措施专项报告；

8. 符合银保监会编制要求的近三年经审计的偿付能力报表及最近一季度偿付能力报表。

在发行完成后，应在人民银行认可的债券登记托管结算机构（银行间市场清算所股份有限公司或中央国债登记结算有限责任公司）办理资本补充工具的登记、托管、结算等业务，并及时做好发行情况的信息披露工作。发行人应当在发行结束后10个工作日内向相关监管部门报告发行情况。

三、事后的运营和监督

在资本补充工具发行完成后，保险公司需要进行募集资金运用管理和资本补充工具存续期的信息披露工作。

保险公司应建立健全资本补充工具资金运用的管理机制，实现各类资产的优化配置和动态调整。在资金运用过程中要注意防范市场风险、信用风险、流动性风险、操作风险等，保障资本的安全，强化成本收益匹配和现金流匹配，以实现资本持续增值。同时，保险公司需要不断提高盈利能力、增加内部积累，以提高偿付能力。

保险公司在债券存续期，应持续履行相关信息披露责任，包括定期信息披露和对重大信息的不定期披露。《公告》对定期信息披露明确了以下要求：

1. 每年4月30日前，披露上年的年度报告、审计报告和经审计的偿付能力报表；

2. 每年8月31日前，披露当年上半年的半年度报告和偿付能力报表；

3. 每年4月30日和10月31日前，分别披露当年第一季度和第三季度的季度报告的偿付能力报表。

其中年度报告、半年度报告和季度报告，应包括报告期内发行人的经营情况说明、财务报告及涉及的重大诉讼事项等内容。

对于设置了特殊条款的资本补充工具，需建立动态监测及管理机制，例如对于保险公司资本补充债券，需关注赎回条款相关问题；对于次级可转换债券，需关注其转股价格向下修正条款、有条件赎回条款、回售条款等特殊条款。在此过程中，保险公司应建立资本补充工具的监督体系和报告机制，设计科学合理的监督工具和指标体系，对资本补充工具管理进行全流程的监督和管控，定期和不定期地向公司管理层、董事会以及监管部门进行报告并根据内部管理要求进行相关决策。在债券存续期内，出现发行人可能影响其偿债能力的重大事件时，应当按规定及时向金融监管部门报告，并向市场披露相关信息。

四、保险公司投资资本补充工具的内部管理

为了加强资产配置管理和防范保险资产错配风险，保险公司应在满足资产配置相关监管要求的基础上制定内部管理制度。保险公司的资金运用以委托管理为主，根据当前市场经济环境和公司发展战略，统筹考虑偿付能力状况、资本配置情况、风险承受能力和其他因素。保险公司应以保险产品为基础，制定、实施、监控和调整公司整体的资产配置政策，并基于此框架有效管理资本补充工具相关投资。

（一）保险公司资产配置管理机制

依据《保险资产配置管理暂行办法》（保监发〔2012〕61 号），保险公司应结合自身实际，健全公司资产配置的内部管理机制。《保险资产配置管理暂行办法》第六条明确了制度和程序要求，规定保险公司应当建立涉及资产配置决策、执行、监督等管理制度，主要内容包括资产配置组织制度、决策和授权制度、资产配置管理程序、资产配置风险管理制度、资产配置信息管理和报告制度、资产配置绩效评估和考核制度等。第八条明确了投资资本补充工具的决策机制，即保险公司董事会负责审定保险资产配置管理制度及政策，并对资产配置政策、程序和风险管理承担最终责任。董事会设立的资产负债管理委员会或具有相应职能的专业委员会，应当根据董事会授权，协助董事会审议资产配置政策，评估公司整体风险状况和各类风险敞口累计水平。第九条明确了投资管理流程，即保险公司经营管理层应当根据董事会授权，负责拟订资产战略配置规划和年度资产配置计划，组织实施董事会审定的资产配置政策，并视执行情况向专业委员会提出调整资产配置建议。经营管理层应当加强资产配置协调管理，建立资产管理部门与精算、财务、产品开发、市场销售和风险管理等部门的沟通协商机制，规范整体运作流程，明确各自管理责任，提高资产配置管理效率，防范保险产品定价和资产错配风险。第十条明确了投资操作规范，即保险公司资产管理部门应当设立专职岗位，根据授权提出资产配置政策和调整建议，协调并执行经审定的资产配置政策。总资产规模超过 1 000 亿元的保险公司，其资产管理部门应当至少拥有 5 名具有资产配置相关经验的专业人员，其中具有 3 年以上相关经验的不少于 3 名。

（二）资本补充工具的投资管理

保险公司投资资本补充工具的内部管理机制，必须以保险公司的资产配置管理体系为基础，根据资本补充工具的属性，适用固定收益类资产或权益类资产的相关管理要求。

对于适用固定收益类资产管理要求的资本补充工具，保险公司应按照监管要求建立相对集中、分级管理、权责统一的固定收益类资产投资决策和授权制度，应建立覆盖投资研究、投资决策、投标报价、合同签署、场内外交易执行、业务资料保管、投后管理等各个业务环节的操作流程及操作细则，明确各个环节、各有关岗位的职责要求、衔接方式和操作标准，并定期检查和评估固定收益类资产的投资管理制度执行情况，建立和完善风险管理制度、风险处置预案和责任追究制度。

对于适用权益类资产管理要求的资本补充工具，保险公司应按照监管要求制定完善的管理制度、操作流程、内部控制和稽核规定，防范操作风险、道德风险和利益输送行为，杜绝不当关联交易，强化投资能力建设，设置专门岗位，配备专职人员，切实加强投资后续管理，建立与保险资金权益类资产投资相适应的中长期绩效考核指标体系。

第九章
保险公司资本补充工具相关估值实践

我国保险业正处于市场化改革的重要时期，保险公司创新和丰富资本补充工具有助于补充保险公司资本金，防范偿付能力风险，为保险公司稳健经营提供保障。在这样的发展环境下，对保险公司资本补充工具进行公允定价具有重要的现实意义。及时准确地对资本补充工具进行公允定价，能够向各市场参与方客观呈现资本补充工具的价值，有助于资本补充工具的发行流通，有助于发挥其防范风险的积极作用。

第一节　估值实践的发展背景

一、市场发展的内生需求驱动估值实践发展

目前，市场机构发行的资本补充工具主要是债务类资本补充工具。回顾历史，在1997年银行间债券市场成立之初，市场价格发现能力较低，金融机构在交易、风控、记账等环节均缺少可靠的参考信息。由于计量依据不规范，处于发展早期的基金和代客

理财业务的净值时常偏离其实际价值。因此，市场对基准价格信号的需求十分迫切。2006 年金融市场流动性风险和 2008 年金融危机也从不同角度体现出金融机构的资产定价权缺乏有效约束和监督等问题。

自 2004 年《巴塞尔资本协议Ⅱ》出台以来，金融监管机构先后颁布识别、计量、监测和控制市场风险的各项措施。估值作为衡量市场价值的关键指标，开始逐步应用于银行机构的市场风险管理和公允价值计量、基金公司债券资产净值计量，以及审计和司法判决领域关于债券资产的公允价值度量等方面。

二、公允计量的管理要求推动估值广泛应用

随着金融改革的逐步深入，金融产品的净值化管理要求金融机构公允计量金融资产，使估值更加广泛地应用于金融资产的计量，尤其是债务类资产计量。2006 年，企业会计准则正式将公允价值计量引入我国会计体系，提出了采用公允价值核算的要求。以公允价值作为重要监管工具之一的宏观管理思路逐步形成，并推动估值相关实践不断发展。

（一）公允价值评估的基本原则

根据企业会计准则，在评估金融资产的公允价值时，应当根据金融资产的市场活跃程度，确定相应的估值方法，遵循以下基本原则：

对于存在活跃市场的金融资产，估值日有市场价格的，可采用市场价格确定公允价值。估值日无市场价格的，最近交易日后未发生影响公允价值重大事件的，可采用最近交易市场价格确定公允价值。

对于存在活跃市场的金融资产，如估值日无市场价格的，且最近交易日后发生了影响公允价值的重大事件，应对最近交易市场价格进行调整，确定公允价值。

对于不存在活跃市场的金融资产，可采用市场参与者普遍认同且被以往市场实际交易价格验证具有可靠性的估值技术确定金融资产的公允价值。采用估值技术确定公允价值时，应优先使用可观察输入值，并根据资产特征，对可观察输入值进行调整。这些特征包括资产状况或所在位置、输入值与可比资产或负债的相关程度、可观察输入值所在市场的交易量和活跃程度等。只有在无法取得相关资产可观察输入值或取得相关资产可观察输入值不切实可行的情况下，才可以使用不可观察输入值。

（二）公允价值评估的具体方法

根据2017年3月修订的《企业会计准则第22号——金融工具确认和计量》（财会〔2017〕7号，以下简称“企业会计准则”），金融资产按照资产管理业务模式及合同现金流特征被划分为三种不同类型：以摊余成本计量的金融资产、以公允价值计量且其变动计入其他综合收益的金融资产、以公允价值计量且其变动计入当期损益的金融资产。这三类金融资产的初始计量都是按照公允价值法，后续计量则包含摊余成本法和公允价值法两种。

在业务操作中，金融资产的会计计量可选用摊余成本法或公允价值法，而公允价值法包含收盘价法和估值法，其中，估值法可进一步分为内部估值法和第三方估值法（见图9-1）。在实践中，市场大多数机构的财会部门和审计机构一般采用第三方估值法对债务类资本补充工具进行每日净值核算，及时公允反映资产价值波动情况。

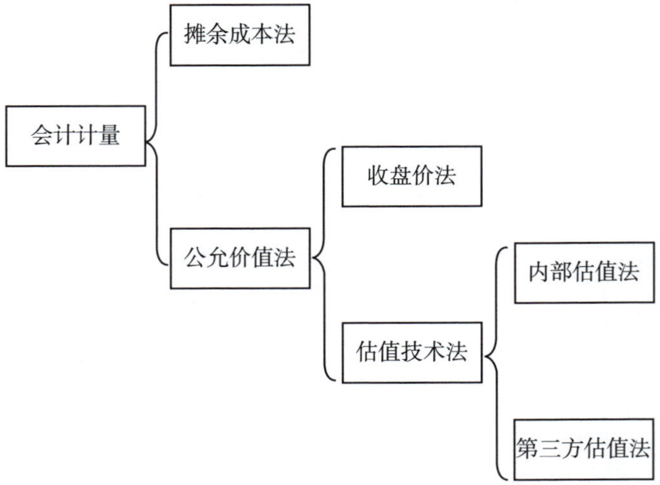

图 9-1　债券投资的会计计量方法

资料来源：中债金融估值中心有限公司

三、资本补充工具的丰富和发展需要公允的估值

愈发复杂的金融环境和相应的监管政策对金融机构的资本金提出了更高的管理要求。发行和交易合适的资本补充工具能及时补充金融机构资本金，有效提高风险防范能力，保障金融机构稳定运作。资本补充工具的创新发展，需要对相关金融产品和金融工具进行公允的估值。对发行人而言，资本补充工具相关的交易关系设计紧密衔接，各类交易触发条件较为复杂，并附有例外条款和特殊条款，确定合理的资本补充工具发行价格，对于发行人及其相关服务机构具有一定的挑战性。对投资者而言，资本补充工具的每日价格信息相对较少，需要根据合同条款、市场行情、交易条件等综合考量并确定合理价值。因此，为提高资本补充工具的透明度和流动性，基于资本补充工具特有的合同条款，为资本补充工具提供精准的估值

结果，并及时向市场各方反馈信息，是开展相关市场活动的刚性需求。

第二节　债务类资本补充工具的估值实践

资本补充工具按照资本属性可分为债务类资本补充工具和权益类资本补充工具。本节主要介绍债务类资本工具的估值原理及相关案例。

一、债务类资本补充工具的估值原理

本节参考国际前沿理论和国内实践经验，结合我国债务类资本补充工具的条款特征，以中债金融估值中心有限公司（以下简称“估值方”）公布的中债价格指标方法为例，介绍债务类资本补充工具估值原理，以及合理确定债务类资本补充工具的公允价值相关实践。目前，多数资本补充工具为非结构化的债务类资本补充工具，不含底层资产池，其估值采用现金流折现法，一般包括以下五个环节。

（一）确定本金基础现金流

本金基础现金流主要根据基础条款直接确定，可分为到期一次兑付、分期兑付、协商提前兑付等情况。

到期一次兑付等情况一般对应到期贴现率估值模型：

$$PV = \frac{C}{(1+y)^1} + \frac{C}{(1+y)^2} + \cdots + \frac{C+M}{(1+y)^n}$$

其中，PV 是债务类资本补充工具估值全价；C 是债务类资本补充工具年息票；y 是到期贴现率；M 为本金值；n 是剩余付息次数。

分期兑付和协商提前兑付等情况一般对应即期贴现率估值模型：

$$PV = \frac{C_1 + M_1}{(1 + r_1)^{t_1}} + \frac{C_2 + M_2}{(1 + r_2)^{t_2}} + \cdots + \frac{C_n + M_n}{(1 + r_n)^{t_n}}$$

其中，PV 是债务类资本补充工具估值全价；C_i 是债务类资本补充工具各期利息现金流；M_i 是债务类资本补充工具各期本金现金流；r_i 是即期贴现率；t_i 是现金流距估值日时间长度。

（二）确定利息基础现金流

利息基础现金流主要由票面利率、计息周期长度和待偿本金等要素确定。

1. 对于票面利率，根据固定利率条款和浮动利率条款进行不同处理。固定利率条款，是指债务类资本补充工具的名义息票支付是固定的。针对此条款，根据合同约定的票面利率水平、年付息次数等可确定利息基础现金流。以到期一次兑付本金、年付息多次的固定利率债务类资本补充工具为例，其估值公式如下：

$$PV = \frac{C/f}{(1 + y/f)^1} + \frac{C/f}{(1 + y/f)^2} + \cdots + \frac{C/f + M}{(1 + y/f)^n}$$

其中，PV 为债务类资本补充工具估价全价；C 为债务类资本补充工具年息票；f 为年付息次数；y 为债务类资本补充工具贴现率；M 为本金值；n 为剩余付息次数。

浮动利率条款，是指债务类资本补充工具的名义息票支付是浮动的，其票面利率由基准利率与发行利差组成，基准利率数值定期重新确定，发行利差一般保持不变。针对此条款，采用计算日基准利率和收益率曲线预测其未来各期票面利率。此外，有部分浮动利率条款同时规定了票面利率上限和下限。在票面利率有上下限的情况下，需对预测的未来各期票面利率进行调整：当基准利率预测值与发行利差之和超过上限时，票面利率设定为上限；当基准利率预测值与发行利差之和当低于下限时，票面利率设定为下限。以到期一次兑付本金、年付息多次的浮动利率债务类资本补充工具为例，其估值公式如下：

$$PV=\left\{\begin{array}{l}\dfrac{(R_1+S)/f}{[1+(R_2+y_d)/f]^1}+\dfrac{(R_2+S)/f}{[1+(R_2+y_d)/f]^2}+\cdots \\ +\dfrac{(R_2+S)/f}{[1+(R_2+y_d)/f]^n}\end{array}\right\}\times M$$

其中，PV 为债务类资本补充工具日间估价全价；f 为资产年付息次数；R_1 为债务类资本补充工具当期基准利率；R_2 为计算日基准利率；S 为债务类资本补充工具发行利差；y_d 为点差收益率；M 为本金值；n 为剩余付息次数。

2. 对于计息周期长度，根据年付息次数或合同约定的计息周期，综合考虑 30/360、实际/365、实际/实际等不同计息方式等确定。

3. 对于待偿本金，主要参考本金基础现金流确定。存在发行人和投资人协商提前偿还部分本金和对应利息条款的债务类资本补充工具，同一付息周期内可能存在对应不同本金的两笔利息支付。基于此类条款，根据协商公告确定本金基础现金流的金额和时间，并进一步精确确定利息基础现金流。

（三）确定现金流发生时间

本金基础现金流和利息基础现金流的发生时间一般依据基础条款确定。其中，存在付息日和结息日分离条款的债务类资本补充工具，付息日和结息日不完全重合，实际付息日通常晚于结息日。有此类条款时，需要分别识别结息日和付息日，根据结息日计算利息基础现金流，根据付息日选取贴现率。

（四）调整选择权对现金流的影响

在获得债务类资本补充工具基础现金流后，需要考虑选择权条款并对基础现金流相关计算进行修正，债务类资本补充工具的选择权条款主要影响现金流的发生时间和金额。影响现金流发生时间的选择权条款主要包括发行人赎回权条款（加速到期条款）、投资人回售权条款（投资人提前终止条款）、协商延期或提前到期条款、无固定期限条款。影响金额的选择权条款主要包括发行人调整票面利率权条款。对于不同选择权条款的具体处理方法如下：

1. 发行人赎回权条款（加速到期条款）和投资人回售权条款（投资人提前终止条款）。此类条款一般赋予发行人或投资人在到期日之前的特定时点以约定价格提前赎回或回售债务类资本补充工具的权利，触发此类条款生效的结果是债务类资本补充工具提前到期。有此类条款时，需要分别按照行权日和到期日确定两条现金流，计算行权估值和到期估值，并结合远期收益率、市场参与者偏好等因素判断推荐方向。

2. 无固定期限条款。此类条款一般包含两种形式：一是不事先约定确定的存续期限，但赋予发行人周期性地选择赎回债务类资本补充工具的权利；二是事先约定确定存续期限，但赋予发行人延长债务类资本补充工具存续期限的权利。存在此类条款时，一般可采用两种处理方式：一是在现金流贴现的框架下，采用对贴现因子求解极限值的方法估计无固定期限条款价值；二是考虑到极远端现金流的现值非常小，可以通过敏感性分析确认贴现年数的变动对现金流的影响非常小的相关数值，以便确定合理的贴现年数。实证表明，上述两种方法计算得到的无固定期限现金流的差异非常小。

3. 发行人调整票面利率条款。此类条款一般与投资者回售权条款同时出现，赋予发行人在特定时点调整债务类资本补充工具票面利率的权利，以避免债务类资本补充工具被投资者提前回售。有此类条款时，根据规定的投资者回售价格、远期收益率计算均衡票面利率，并结合条款约定的利率调整范围预测行权后的票面利率，最终确定债务类资本补充工具行权日后的现金流。均衡票面利率计算公式如下：

$$P_0 = \left[\frac{C_x/f}{(1 + y_{N,K}/f)^1} + \cdots + \frac{C_x/f}{(1 + y_{N,K}/f)^n} + \frac{1}{(1 + y_{N,K}/f)^n} \right] \times M$$

其中，C_x 为债务类资本补充工具均衡票面利率；P_0 是债务类资本补充工具约定的行权价格；$y_{N,K}$ 为远期收益率；M 是行权日的剩余本金额；n 是行权日后债务类资本补充工具剩余付息次数。

（五）信用分析决定贴现率

债务类资本补充工具贴现率由债务类资本补充工具对应的中债市场隐含评级、中债收益率曲线和估值点差决定。其中，中债市场隐含评级是从市场价格信号和发行主体相关信息等因素中提炼出来，动态反映市场投资者对债务类资本补充工具的信用评价，用来确定债务类资本补充工具对应的中债收益率曲线。中债市场隐含评级的信用等级参考《中国人民银行信用评级管理指导意见》（银发〔2006〕95 号）划分为三级九等，评级符号分别表示为：AAA、AA、A、BBB、BB、B、CCC、CC、C，除 CCC 级以下等级外，每个信用等级可用“+”和“-”符号进行调整，表示略高或略低于本等级，部分信用等级可用数字“2”进行调整，表示略低于本等级。估值点差主要包括信用点差和流动性点差。信用点差反映债务类资本补充工具信用资质的差异，主要包括发行主体经营及财务表现、外部增信效力等。流动性点差反映债务类资本补充工具因投资群体、交易场所和质押资格等造成的流动性差异。

通过信用分析确定中债市场隐含评级和信用点差一般包括三个环节：

一是市场价格初步推导。将债务类资本补充工具剔除非信用因素后的市场价格与相应中债收益率曲线的信用等级区间进行比较，可得到债务类资本补充工具相关的中债市场隐含评级和信用点差的初步结果。

二是信用分析校验修正。对于依赖主体信用的债务类资本补充工具，从宏观经济环境、行业景气状况、发行主体经营及财务表现、发行主体外部增信效力等角度，结合主体信用分析模型对其中债市场隐含评级和信用点差的初步结果进行校验和修正。对于依赖个体项目资产信用的债务类资本补充工具，还需综合考虑项目资产风险、项目现金流状况、项目外部增信效力等因素，对初步结果进行校验和修正，再结合评级公司评级和可靠市场信息，作进一步校验和修正。

三是跟踪调整。根据可靠市场信息对债务类资本补充工具的中债市场隐含评级和信用点差进行持续跟踪和动态调整。

二、债务类资本工具的案例分析

目前，保险公司发行的相对较为成熟的资本补充工具为资本补充债券。资本补充债券具有发行人赎回条款、调整票面利率条款、清偿顺序劣后条款三类特殊条款。

从发行人赎回条款来看，目前已发行资本补充债券期限为5+5年，在第5年末附有条件的发行人赎回权。若发行人行使赎回权后的综合偿付能力充足率仍不低于100%，经报中国人民银行和金融监管部门备案后，发行人可以行权，按面值全部或部分赎回本期债券；

若发行人不行权，则该债券继续存续 5 年，并执行调整票面利率条款。

从调整票面利率条款来看，目前我国境内市场上已发行的资本补充债券均含有调整票面利率的条款，若发行人不行使赎回权，则给予投资者一定的利率补偿，5 年后票面利率在原始基础上提升 100 个基点。

从清偿顺序劣后条款来看，保险公司资本补充债券的清偿顺序列于保单责任和其他普通负债之后，但先于保险公司的股权资本。一般而言，每期资本补充债券与发行人已发行的次级定期债务、资本补充债券等资本补充工具处于同一清偿顺序，与未来可能发行的其他资本补充工具同顺位受偿。

以中债估值中心对中国人寿保险股份有限公司 2019 年资本补充债券（以下简称“19 中国人寿”，债券代码：1923001）的估值为例，本案例采用中债商业银行普通债收益率曲线（AA +），以现金流贴现法进行估值。相关资本补充债券的估值过程如下：

（一）给出是否行权的推荐方向

该债券期限为 5 +5 年，在第 5 年末附有条件发行人赎回权。该债券在前 5 年（2019 年 3 月 22 日至 2024 年 3 月 22 日）维持 4. 28% 的票面利率，若第 5 年末发行人不行使赎回权，则后 5 年（2024 年 3 月 22 日至 2029 年 3 月 22 日）提升至 5. 28% 的票面利率。鉴于赎回权的特点，估值方分别提供了两条不同待偿期的估值记录，并提供相应的估价收益率等债券分析指标数据。由于发行人具有赎回权，在第 5 年末行使赎回权所对应的估价全价更低，对发行人更加有利。因此假设发行人将行使赎回权，并推荐短期限的较低价估值，如表 9 –1 所示。

表 9－1　19 中国人寿中债估值（2020 年 6 月 30 日）

待偿年限	估价收益率（%）	日间估价全价	日间估价净价	可信度
3.7260	3.5090	103.8077	102.6351	推荐
8.7260	4.1741	105.7206	104.5480	

资料来源：中债金融估值中心有限公司

（二）反映债券利率的变化方向

该债券自 2019 年 3 月上市至 2020 年 6 月末的利率走势如图 9－2 所示。

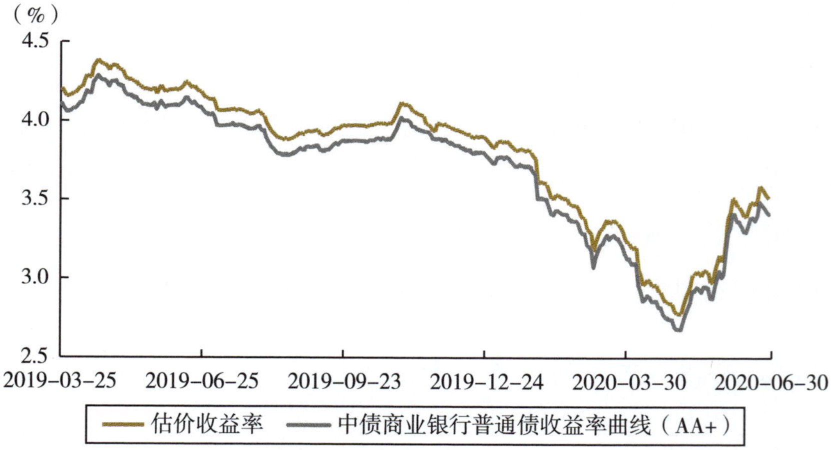

图 9－2　19 中国人寿（债券代码：1923001）估价收益率走势

资料来源：中债金融估值中心有限公司

在 2019 年 3 月至 2020 年 6 月的期间内，该债券仅有 37 个交易日有成交记录①，且每日成交额较低，成交价格的公允性有所不足。因此该债券估值参照当天的收益率曲线，再综合考虑由于信用及流动性因素所导致的点差，得出当天的估价收益率。尽管二级市场的

① 数据来源：中国外汇交易中心

成交和报价较少，但每日的估价收益率及估值均随市场行情产生变化，较好反映了该债券的真实价值波动。

未来，随着保险公司资本补充债券的不断发行和二级市场流动性的逐渐提高，在有足够的市场成交和报价数据后，可以单独为保险公司的资本补充债券设计相应的收益率曲线，更好地反映保险公司的收益率特征。同时，也能为后续监管部门相关政策研究、保险公司资本补充工具的发行定价、市场机构的投研分析等多个方面提供数据支持。

第三节 权益类资本补充工具的估值实践

资本补充工具按照资本属性可分为债务类资本补充工具和权益类资本补充工具。我国境内现有的权益类资本补充工具以优先股为主，本节主要介绍优先股的估值原理，并对相关案例进行分析。

一、权益类资本补充工具的估值原理

目前，证券交易所上市的优先股交易量及交易频率较低，难以持续提供公允的定价信息。鉴于优先股在股息支付条款方面与部分债务类资本补充工具相似，因此可以参考债务类资本补充工具方法进行估值。

优先股没有固定的到期日期，多数优先股含有发行人赎回权条款，每隔一定期限发行人可以全部或部分赎回优先股。基于发行人赎回权这一特点，可以采用假设发行人在下一行权日行使赎回权计算短期限估值的方法，也可以采用假设无固定期限现金流计算长期

限估值的方法。短期限情形下可以按照一般固定利率债券进行估值，长期限情形下需根据利率类型分为固定股息率和分阶段调整股息率两种。

对于固定股息率优先股，与每年支付固定数额年金的性质一致，在每个付息时点分别采用相对应的即期收益率进行贴现，即可计算得出优先股的估值。以优先股计息起始日估值为例，具体如下所示，其中 C 为票面固定的股息率，M 为优先股的每股票面金额，r_1、r_2、…、r_k 为 1、2、…、k 年对应的即期收益率，r_k 为曲线长端 k 年处期限结构近似平坦时的收益率。

$$PV=\left[\begin{array}{l}\dfrac{C}{(1+r_1)^1}+\dfrac{C}{(1+r_2)^2}+\cdots+\dfrac{C}{(1+r_k)^k}\\+\dfrac{C}{(1+r_k)^{k+1}}+\cdots\end{array}\right]\times M$$

对于分阶段调整股息率优先股，可采用与浮动利率债券相似的估值方法，预测未来股息率调整期基准利率并得出优先股的估值。具体如下所示，其中 S 为发行时确定的固定溢价（利差），R_1 为计算日所在股息率调整期内的基准利率，R_2 为未来股息率调整期的基准利率预测值。

$$PV=\left[\begin{array}{l}\dfrac{R_1+S}{(1+r_1)^1}+\dfrac{R_1+S}{(1+r_2)^2}+\cdots+\dfrac{R_1+S}{(1+r_n)^n}\\+\dfrac{R_2+S}{(1+r_{n+1})^{n+1}}+\dfrac{R_2+S}{(1+r_{n+2})^{n+2}}+\cdots\\+\dfrac{R_2+S}{(1+r_k)^k}+\dfrac{R_2+S}{(1+r_k)^{k+1}}+\cdots\end{array}\right]\times M$$

在分别计算两条估值结果后，估值方会根据市场收益率水平和两种估值方法的结果进行合理推荐。

二、权益类资本补充工具的案例分析

目前，保险公司没有成熟的优先股发行经验，本节参考其他金融机构已发行的优先股进行案例分析。以中国银行股份有限公司第二期非公开发行优先股（债券代码：360010，以下简称“中行优 2”）为例，该优先股属于固定股息率的优先股，存续期内的票面股息率保持在 5.50%。由于发行人中国银行股份有限公司的信用资质较高，估值方采用中债商业银行二级资本债券收益率曲线（AA +）进行估值。

根据固定股息率优先股的现金流特点，未来每个付息时点现金流是固定的。按照相应的即期收益率进行贴现，可相应计算得出净价、估价收益率等价格指标。自 2019 年至 2020 年 6 月末，该优先股的价格指标走势如图 9 – 3 所示，每日价格指标会参照相应等级的收益率曲线随市场行情波动。

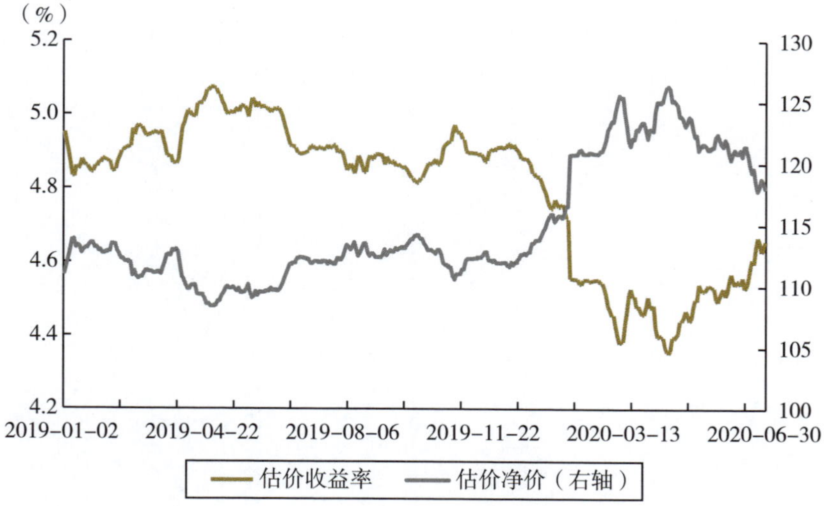

图 9 – 3　中行优 2 收益率及净价走势

资料来源：中债金融估值中心有限公司

由于优先股一般采用非公开方式发行，募集投资者不超过 200 人且投资者主要以资产配置为主，因此市场成交活跃度较底，以中行优 2 为例，其从 2019 年 1 月初至 2020 年 6 月末的交易均未记录在交易所中。因此参照相应收益率曲线，逐日计算优先股的价格指标，即可较好地反映优先股的公允价值。

后　记

近年来，金融监管部门高度关注保险公司偿付能力建设，建立健全资本补充工具监管政策，逐步推出资本补充债券、无固定期限资本债券等工具，支持保险公司运用多样化资本补充工具夯实资本质量，提升风险抵御能力。在金融监管部门指导下，中国保险资产管理业协会（以下简称“协会”）组织各方面专家深入探究保险公司资本补充工具的发展、各类资本补充工具对保险公司偿付能力的作用和影响、拓宽保险公司补充资本渠道的探索实践等一系列问题。经过近三年努力，完善保险公司资本补充工具相关课题研究顺利完成，并付梓出版。

《保险问道之保险公司资本补充工具的监管与实践》是协会服务监管部门、服务行业高质量发展进程中的工作成果，是保险行业业务实践和良好经验的总结，是协会、会员单位和撰写机构共同智慧的结晶。本书由原银保监会人身险部指导，协会组织编撰，协会公开市场与境外业务部统稿。中国人寿保险股份有限公司、中国人民财产保险股份有限公司、新华人寿保险股份有限公司、光大永明人寿保险有限公司、中国国际金融股份有限公司、中信证券股份有限公司、农银人寿保险股份有限公司、北京安杰律师事务所、中债金融估值中心有限公司、泰康人寿有限责任公司等10家市场机构参与了书稿撰写。同时，中国农业银行股份有限公司、中诚信国际信用评级有限责任公司、光大证券股份有限公司、中银国际证券股份有限公司、中泰证券股份有限公司、长江证券股份有限公司积极参与研究，并对本书的撰写给予了积极支持。在此向专家们认真细致的工作和丰富中肯的建议表示诚挚感谢！

完善保险公司偿付能力建设和资本补充机制是一项具有发展性、长期性和创新性的系统工程。课题研究是集思广益、勇敢探索形成的初步成果。如有疏漏和不足，真诚地希望各位读者批评指正和提出宝贵意见。让我们同向同行，携手共进，共同推动保险业平稳健康持续发展。

中国保险资产管理业协会党委委员、副秘书长

张 倩

2023年8月